머 리 말

 이 책은 기존의 다른 책과는 차별되게 좀 색다른 기획으로 출간하였습니다. 익살맞은 컬러 그림을 넣어서 보는 재미도 곁들여 수수께끼 · 고사성어 · 한자 등, 종합적으로 교양과 지식 등을 높여 나갈 수 있게 하였습니다.

 수수께끼는 '말〔言〕놀이' 입니다. 그렇기 때문에 우리말을 잘 아는 우리 나라 사람이 아니면 도저히 맞힐 수 없는 것들이 많이 있습니다. 속담이나 고사 성어처럼 오랜 세월 동안 우리 조상들의 사랑을 받으면서 입에서 입으로 전해 내려온 한 민족의 문화라고 생각합니다.

 수수께끼는 넌센스 퀴즈도 포함됩니다. 한자에 대한 것도, 과학 · 문화 · 역사, 등 여러 가지 모두를 문제로 만들 수 있습니다. 톡톡 튀는 기발한 생각들이 여기저기서 번뜩입니다. 납을 유추하기 위해시는 미리로 많은 상상을 해야 하고, 관찰을 하고 추리를 하는 등, 생각하는 힘을 길러야 합니다. 재치와 유머 감각도 있어야 합니다.

단순히 책에 나와 있는 그대로 물어 보는 것보다는 상대에게 친절한 설명으로 진지함과 너스레도 곁들여서 재미를 느낄 수 있도록 유도해 내는 능력이 있다면 더욱 짜릿한 희열을 느낄 수 있을 것입니다.

 이 책에 수록된 수수께끼를 많이 외워서 친구들과 주위 사람들에게 웃음꽃을 피우는 사람이 되기를 기원합니다.

 아울러, 수천 년 동안 우리 조상들이 사용해 온 고사성어를 익혀서 우리 생활에서 잘 사용하면 훌륭한 표현 수단이 됩니다. 고사성어를 적절히 인용하면 글의 무게도 더해지고 자신의 인격은 물론, 효과적으로 의미를 전달할 수 있습니다. 앞에서 이야기했듯이 고사성어도 수수께끼의 재료가 될 수 있습니다. 단순한 말장난만 하기보다는 고사성어로 퀴즈놀이를 하는 것도 의미가 있다고 봅니다.

 고사 성어와 더불어 한자의 음훈을 수록하였으므로 한자 공부에도 관심을 가지기를 바랍니다.

상상력 · 추리력 · 재치 · 유머 감각을 길러 주는

수수께끼 풀고

한자 실력 · 교양 · 인격 · 지식이 높아지는

고사성어 배우자

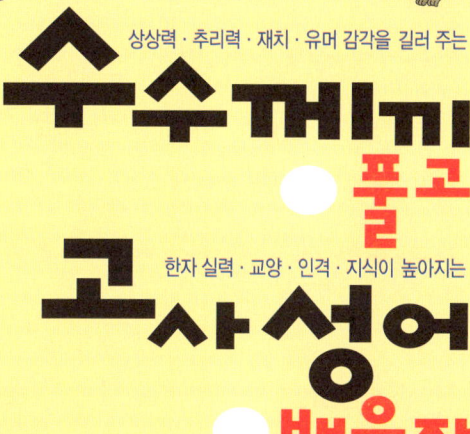

ㄱ

*가기만 하고 돌아오지 않는 것은?

*가난한데도 부잣집이라고 불리는 집은?

*가느다란 몸뚱이에 귀만 하나 있는 것은?

*가는 방향도 모른 채 끝없이 가는 것은?

*가도 붙들지 못하는 것은?

*가로 줄과 세로 줄 사이에서 서로 싸우는 것은?

*가마는 가마인데, 탈 수 없는 가마는?

*가만히 있는데 잘 돈다고 하는 것은?

*가만히 있어도 붙잡지 못하는 것은?

*가면 갈수록 늘어나는 것은?

*가면 좋은 사람은?

*가슴의 무게는?

苟斂誅求 【가렴주구】

뜻 가혹(苛酷)하게 세금(稅金)을 거두거나 백성(百姓)의 재물(財物)을 억지로 빼앗음.

| 가혹할 가 | 거둘 렴 | 벨 주 | 구할 구 |

🐛 세월

🐛 아버지와 아들이 사는 집(父子 ; 부자)

🐛 바늘

🐛 세월, 시간

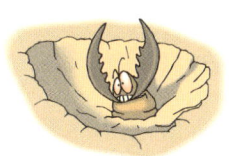

🐛 세월

🐛 장기

🐛 쌀가마

🐛 머리

🐛 그림자

🐛 주름살, 나이

🐛 가면장사

🐛 4근(두근두근)

佳人薄命 【가인박명】

뜻 여자의 용모가 너무 아름다우면 운명이 기박함을 이르는 말.

| 아름다울 가 | 사람 인 | 얇을 박 | 목숨 명 |

● 고사성어

* 가시돋힌 방 안에 앉아 있는 맛있는 대머리는?

* 가장 더러운 강은?

* 가장 무서운 놀이판은?

* 가장 빠른 새는?

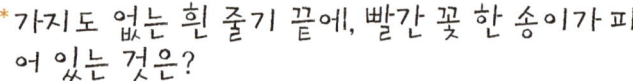

* 가장 쓸모없는 구리는?

* 가죽 속에 털이 난 것은?

* 가지도 없는 흰 줄기 끝에, 빨간 꽃 한 송이가 피어 있는 것은?

* 가짜 꿀을 만들 때, 가장 많이 들어가는 재료는?

* 간사한 사람들이 가지고 있는 양은?

* 간장은 간장인데, 먹을 수 없는 간장은?

* 갈 때는 속이 비었는데 올 때는 속이 차는 것은?

* 감은 감인데, 못 먹는 감은?

● 고사성어

刻舟求劍 【각주구검】

뜻) 시대나 상황의 변화를 모르는, 어리석고 미련하여 융통성이 없음을 이르는 말.

| 새길 각 | 배 주 | 구할 구 | 칼 검 |

- 밤
- 요강
- 이판사판
- 눈 깜짝할 새
- 멍텅구리
- 옥수수
- 촛불

- 진짜 꿀
- 아양
- 애간장
- 두레박
- 대감, 영감

甘言利說 【감언이설】

뜻 남의 비위를 맞추는 달콤한 말과 이로운 조건만 내세워 그럴듯하게 꾸미는 말.

| 달 감 | 말씀 언 | 이로울 리 | 말씀 설 |

고사성어

*갑돌이와 갑순이가 결혼하지 못한 이유는?

*강은 강인데, 사람이 먹는 강은?

*강한 것은 먼저 없어지고 부드러운 것은 나중 남는 것은?

*개 가운데 가장 큰 개는?

*개그맨들이 소재를 찾아서 헤매는 거리는?

*개 중에서 가장 아름다운 개는 무엇일까요?

*객(손님)이 들어가서 주인을 내쫓는 것은?

*거꾸로 매달린 집에 문이 수도 없이 많은 것은?

*거꾸로 걸어다니는 것은?

*거꾸로 서면 더 작아지는 것은 무엇일까요?

*거꾸로 키가 자라는 것은?

*거지가 가장 싫어하는 색은?

고사성어

感之德之 【감지덕지】

뜻 '그것을 감사하게 생각하고 그것을 덕(德)으로 생각한다'는 뜻으로, 대단히 고맙게 여김.

| 감사할 감 | 어조사 지 | 덕 덕 | 어조사 지 |

- 동성동본(同姓同本)이기 때문에
- 생강
- 잇몸

- 안개
- 웃음거리
- 무지개
- 열쇠
- 벌집
- 붓
- 숫자 9
- 고드름
- 인색

甘呑苦吐 【감탄고토】

뜻 옳고 그름을 돌보지 않고, 자기의 비위에 맞으면 취하고 싫으면 버린다는 뜻.

| 달 감 | 삼킬 탄 | 쓸 고 | 토할 토 |

● 고사성어

*거지가 가장 좋아하는 욕은?

*거지 없는 동네는?

*걱정이 많은 사람이 오르는 산은?

*건강한 사람이 사는 동네는?

*건망증이 심한 사람들이 올라가는 산은?

*걸어가면서 길 위에 도장 찍는 것은?

*걸어가면서 빈대떡 부치는 것은?

*검게 태어나서 빨갛게 살다가 하얗게 죽어가는 것은?

*검은 개가 백사장을 다니면서 검은 똥을 누는 것은?

*검은 돌과 흰 돌이 만나기만 하면 싸우는 것은?

*검은 들에 금가루가 뿌려져 있지만 쓸어담을 수는 없는 것은?

● 고사성어

甲男乙女 【갑남을녀】

뜻 신분이나 이름이 특별히 알려지지 않은 보통의 평범한 사람들을 가리킨다.

| 첫째 천간 갑 | 사내 남 | 둘째 천간 을 | 계집 녀 |

👁 빌어먹을

👁 신사동

👁 태산

👁 약수동

👁 아차산

👁 지팡이

👁 쇠똥

👁 연탄

👁 붓글씨

👁 바둑

👁 별

甲論乙駁 【갑론을박】

뜻 서로 논란(論難)하고 반박(反駁)함을 이르는 말.

| 첫째 천간 갑 | 논의할 론 | 둘째 천간 을 | 논박할 박 |

● 고사성어

*검은 입으로 붉은 밥을 먹는 것은?

*검정 물똥을 싸는 것은?

*겁쟁이들이 가지고 다니는 돌 열 개는?

*겉은 고체이고 속은 액체인 것은?

*겉은 보름달이고 속은 반달인 것은?

*겨울에 많이 쓰는 끈은?

*경찰서가 가장 많이 불타는 나라는?

*계를 하던 사람이 계가 깨지자마자 하는 계는?

*계절에 관계없이 사시사철 피는 꽃은?

*고개 너머 낭떠러지는?

*고기는 고기인데, 뼈도 없고 가시도 없는 것은?

*고기를 잡아 생활해 가는 어부들이 가장 싫어하는 노래는?

고사성어

改過遷善 【개과천선】

뜻 허물을 고쳐 착하게 바뀐다는 뜻으로, 잘못을 고치어 착하게 됨.

| 고칠 개 | 허물 과 | 옮길 천 | 착할 선 |

- 아궁이
- 만년필
- 오돌오돌
- 달걀
- 굴
- 따끈따끈
- 불란서
- 핑계
- 웃음꽃
- 목구멍
- 붕어빵
- 바다가 육지라면

去頭截尾 【거두절미】

뜻 '머리와 꼬리는 잘라 버린다'는 뜻으로, 쓸데없는 군더더기는 빼고 핵심만 취한다는 뜻임.

| 버릴 거 | 머리 두 | 자를 절 | 꼬리 미 |

● 고사성어

* 고기 먹을 때마다 따라오는 개는?

* 고기 없는 강은?

* 고래가 몇 마리 모일 때 가장 시끄러울까?

* 고슴도치가 동굴 속에 들어가 목욕하는 것은?

* 고양이를 무서워하지 않는 쥐는?

* 고체를 쪼개면 액체요, 그 액체에 열을 가하면 또 고체로 변하는 것은?

* 고추장이나 된장을 담그다가 잘못되면 뭐가 될까?

* 곤충의 몸을 3등분하면 어떻게 될까?

* 공기만 먹어도 살이 찌는 것은?

* 공부해서 남 주는 사람은?

* 공부 못하는 아이가 가장 잘 먹는 것은?

* 공은 공인데, 건축가가 가장 좋아하는 공은?

● 고사성어

隔世之感 【격세지감】

뜻 아주 바뀌어 딴 세상(世上), 또는 딴 세대(世代)와 같이 많은 변화가 있었음을 비유하는 말.

| 떨어질 격 | 세대 세 | 어조사 지 | 느낄 감 |

😜 이쑤시개

😜 요강

😜 2마리(고래고래)

😜 양치질

😜 박쥐

😜 달걀

😜 젠장

😜 죽는다

😜 풍선

😜 선생님

😜 바나나

😜 준공

見金如石 【견금여석】

뜻 청렴과 용맹을 겸한 장수이거나, 부모의 뜻과 가르침을 잘 지키는 효자를 이르는 말.

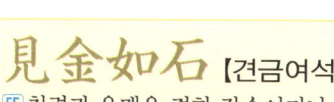

| 볼 견 | 금 금 | 같을 여 | 돌 석 |

● 고사성어

*공은 공인데, 사람들이 가장 좋아하는 공은?

*과거가 있기 때문에 성공한 사람은?

*과수원의 과일을 먹기 좋은 때는?

*교회에 다니는 사람들이 싫어하는 곤충은?

*교회에 다니는 사람이 외워서는 안 되는 구구단은 몇 단?

*구리는 구리인데, 쓸모가 없는 구리는?

*구리는 구리인데, 소리를 내는 구리는?

*굴 속에 흰 고드름이 들락날락하는 것은?

*굴 속에 들어가서 흙을 파서 내오는 주걱은?

*굴 속에 흰 바위가 32개 있는 것은?

*굶는 사람이 많은 나라는?

*궁둥이 그을리고 밥 얻어먹지 못하는 것은?

*궁색한 사람들이 찾는 책은?

고사성어

犬馬之勞 【견마지로】

뜻 ①임금이나 나라에 충성을 다함.
②윗사람에 대하여 '자기의 노력'을 겸손하게 이르는 말.

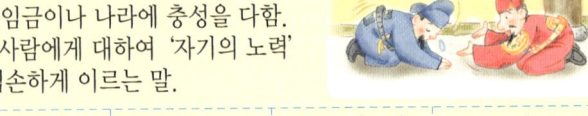

| 개 견 | 말 마 | 어조사 지 | 수고로울 로 |

- 성공
- 암행어사
- 주인이 없을 때
- 사마귀
- 2단

- 멍텅구리
- 딱따구리
- 콧물
- 귀이개
- 입속의 이
- 헝가리
- 솥
- 궁여지책

● 고사성어

見物生心 【견물생심】

뜻 실물을 보면 그것을 가지고 싶은 욕심이 생김.

| 볼 견 | 물건 물 | 날 생 | 마음 심 |

*권투 선수들이 돈 계산하는 방법은?

*귀는 귀인데, 발 달린 귀는?

*귀도 하나, 입도 하나인 것은?

*귀로 들어가서 입으로 나오는 것은?

*귀에 걸치는 다리는?

*귀에 실을 걸치고 일하는 것은?

*귀한 것보다 흔한 것이 좋은 것은?

*그네를 쉬지 않고 타는 것은?

*그리면 둥글고 쓰면 모난 것은?

*근심 있는 사람 얼굴에 찐 살은?

*글씨를 쓸 줄은 알지만 읽을 줄 모르는 것은?

*금(金)과 은(銀)이 있는데, 금은 가운데 있고 은은 가장자리에 있는 것은?

● 고사성어

結者解之 【결자해지】

뜻 일을 저지르거나 문제를 일으킨 사람이 그 일이나 문제를 해결해야 한다는 말.

| 묶을 결 | 사람 자 | 풀 해 | 그것 지 |

- 주먹구구
- 당나귀
- 전화기
- 말
- 안경 다리
- 바늘
- 인심
- 시계추
- 해〔日〕
- 주름살
- 연필
- 달걀

結草報恩 【결초보은】

뜻 '풀을 맺어 은혜를 갚다' 라는 뜻으로, 죽어 혼령이 되어서라도 은혜를 잊지 않고 갚음.

| 맺을 결 | 풀 초 | 갚을 보 | 은혜 은 |

● 고사성어

*급할 때 찾는 실은?

*급해야 만들 수 있는 떡은?

*기둥 없는 다리는?

*기어가는 제비는 무엇?

*기둥이 1, 가지가 12, 잎이 365개 있는 것은?

*기둥 하나에 귀 하나 달린 것은?

*기둥 하나에 방이 두 개 있는 것은?

*기둥 하나에 지은 집은?

*기름을 먹고 사는 소는?

*기뻐도, 슬퍼도, 그리고 매워도 나오는 것은?

*기어다니는 제비는?

*기어다니는 팽이는?

*기웃거리면 혼나는 집은?

●고사성어

敬 遠 【경 원】
뜻 존경을 하는 듯해도 속으로는 못마땅하게 생각한다는 뜻임.

| 공결할 경 | 멀 원 |

- 화장실
- 헐레벌떡
- 징검다리
- 족제비
- 1년
- 바늘
- 콧구멍
- 버섯, 우산
- 주유소
- 눈물
- 족제비
- 달팽이
- 벌집

● 고사성어

鷄 肋 【계륵】

뜻 ①큰 소용은 못 되나 버리기는 아까운 사물을 이르는 말. ②몹시 허약한 몸을 비유하는 말.

닭 계 　 갈빗대 륵

*긴 동굴 속에 들어갔다 나오면 아주 커지는 것은?

*긴 복도를 달려가는데도 발자국 하나 남기지 않는 대머리는?

*긴 사다리 위에서 주먹질하며 달리는 것은?

*긴 줄에 매달려 춤추는 것은?

*길거리로 집을 가지고 다니는 것은?

*길거리에서 시주를 받는 스님들을 무슨 중이라고 할까?

*길면 짧아지고 짧으면 길어지는 것은?

*길바닥에 부침개 부쳐 놓는 것은?

*길에 곶감 떨어진 것은?

*길은 길인데, 돌아올 수 없는 길은?

*김이 가장 많이 나는 곳은?

*깊은 골짜기에서 피리 불며 나오는 것은?

● 고사성어

膏粱珍味 【고량진미】

뜻 살진 고기와 좋은 곡식으로 만든 맛있는 음식.

| 기름 고 | 기장 량 | 진귀할 진 | 맛 미 |

- 튀밥
- 볼링공

- 기차
- 빨래
- 가마
- 영업 중

- 낮과 밤의 길이
- 쇠똥

- 말똥
- 저승길
- 목욕탕
- 방귀

苦肉之策 【고육지책】

뜻 적을 속이기 위하여, 자신의 희생을 무릅쓰고 꾸미는 계책.

● 고사성어

| 괴로울 고 | 고기 육 | 어조사 지 | 꾀 책 |

*깊은 구멍에 숟가락 들고 들어가 도둑질해 오는 것은?

*깊은 산중의 아가씨가 펜팔을 하면 가장 괴로운 사람은?

*까만 것을 칠해야 깨끗해지는 것은?

*까만 솔밭 가운데 길 하나 나 있는 것은?

*까만 이와 하얀 이가 가지런히 났는데 손으로 치면 아름다운 소리를 내는 것은?

*까만 입으로 빨간 밥을 먹는 것은?

*깎으면 깎을수록 커지는 것은?

*깎으면 깎을수록 길어지는 것은?

*깜박이 아래 훌쩍이, 훌쩍이 아래 쩝쩝이는?

*깨뜨려야 쓸 수 있는 것은?

*깨뜨려야 칭찬받는 것은?

●고사성어

固執不通 【고집불통】

뜻 고집이 세어 조금도 변통성이 없음, 또는 그 사람.

| 굳을 고 | 잡을 집 | 아니 불(부) | 통할 통 |

- 귀 후비기

- 우체부

- 구두

- 가르마

- 피아노

- 아궁이

- 구멍

- 연필심

- 얼굴

- 달걀

- 신기록

高枕安眠 【고침안면】

뜻 무척 마음이 한가하고 여유가 있어 아무런 근심이 없는 상태를 이르는 말.

● 고사성어

| 높을 고 | 베개 침 | 편안할 안 | 잠잘 면 |

*껍데기를 먼저 벗기고 나서 털을 뜯는 것은?

*꼬리로 걸어다니는 것은?

*꼬리의 힘으로 가는 것은?

*꼭 밥 먹고 나서 찾아오는 거지는?

*꼭 씹어서 먹어야 하는 물은?

*꼭 얼음이 얼어야 찧는 방아는?

*꼿꼿이 서서 눈물만 흘리는 것은?

*꽃만 먹고 사는 것은?

*꽃이 피면 죽을 때까지 눈물을 흘리는 것은?

*꽃이 필 때에는 아래로 향하고 열매 열릴 때는 위로 향하는 꽃은?

*꽃 중에서 나이를 가장 많이 먹은 꽃은?

*꽃 한 송이가 방 안에 가득한 것은?

● 고사성어

古 稀 【고희】

뜻 70세를 일컬음. '인생칠십고래희(人生七十古來稀)'에서 유래한 말.

옛 고   드물 희

- 옥수수
- 붓
- 올챙이
- 설거지
- 나물
- 엉덩방아
- 촛불
- 꽃병
- 촛불
- 목화
- 백합
- 등잔불

曲學阿世 【곡학아세】

뜻 정도(正道)를 벗어난 학문으로 세상에 아첨함을 이르는 말.

● 고사성어

| 굽힐 곡 | 배울 학 | 아첨할 아 | 세상 세 |

*끊지 않았는데도 끊는다고 하는 것은?

*끓여도 차다고 하는 것은?

*끝없이 올라가지만 다시 내려오지는 못하는 것은?

ⓝ

*나갈 때는 가볍고 들어올 때는 무거운 것은?

*나갈 때는 홀쭉하고 들어올 때는 뚱뚱한 것은?

*나면서부터 늙은 것은?

*나무가 둘 있으면 수풀〔林〕이다. 다섯 있으면?

*나무 기둥 속의 검은 심은?

*나무를 주면 살고, 물을 주면 죽는 것은?

*나무 위에서 빨간 이를 드러내고 웃는 것은?

● 고사성어

骨肉相爭 【골육상쟁】

뜻 형제자매는 한 부모의 피를 물려받고 태어났는데, 이런 형제끼리 싸우는 것을 말한다.

| 뼈 골 | 고기 육 | 서로 상 | 다툴 쟁 |

- 차표
- 차(茶)
- 나이

- 물동이
- 쌀자루
- 할미꽃
- 삼림(森林)
- 연필의 심
- 장작불
- 석류

空山明月 【공산명월】

뜻 사람 없는 산에 외로이 비치는 밝은 달.

| 빌 공 | 메 산 | 밝을 명 | 달 월 |

● 고사성어

* 나무가 옥에 갇혀 있는 글자는?

* 나무 중에서 가장 비싼 나무는?

* 나비는 나비인데, 날지 못하는 나비는?

* 나쁜 일을 하면 나타나는 곤충은?

* 나오면서 따귀 때리는 것은?

* 나오자마자 꽃이 피는 것은?

* 나의 울음으로 시작해서 남의 울음으로 끝나는 것은?

* 나이를 먹을수록 늘어나는 살은?

* 나이를 먹을수록 키가 작아지는 것은?

* 나폴레옹의 묘 이름은?

* 날마다 그네만 뛰는 것은?

* 날마다 길가에 서서 눈을 깜빡이는 것은?

고사성어

空中樓閣 【공중누각】

뜻 공중(空中)에 떠 있는 누각(樓閣)이란 뜻으로, 근거나 토대가 없는 사물이나 일을 뜻함.

| 하늘 공 | 가운데 중 | 다락 루 | 누각 각 |

- 곤할 곤(困) 자
- 은행나무
- 잔나비(원숭이)
- 벌
- 성냥
- 성냥
- 인생

- 주름살
- 촛불
- 불가능
- 시계의 추
- 신호등

過猶不及 【과유불급】

뜻 '정도를 지나침은 미치지 못하는 것과 같다'는 뜻으로, 중용(中庸)이 중요함을 이르는 말.

| 지나칠 과 | 같을(오히려) 유 | 아니 불(부) | 미칠 급 |

● 고사성어

* 날마다 떼돈을 버는 사람은?

* 날마다 먹고 자고 놀기만 하는 것은?

* 날마다 아기 자장가만 부르는 것은?

* 날마다 제사만 지내는 동네는?

* 날마다 하루 종일 두 손으로 얼굴을 만지는 것은?

* 날마다 파란 손을 흔들며 춤만 추는 것은?

* 날씨가 따뜻해지면 여기저기에서 죽이는 불은?

* 날아다니는 개는?

* 날아다니는 불은?

* 날지 못하는 오리는?

* 날지 못하는 제비는?

* 날짐승도 아니고 길짐승도 아닌 것은?

* 남에게 먹여야만 맛있는 탕은?

● 고사성어

管鮑之交 【관포지교】

뜻 시세(時勢)를 떠나 친구를 위하는 두터운 우정을 이르는 말.

붓대 관   절인 어물 포   어조사 지   사귈 교

- 목욕탕 주인
- 돼지
- 자작나무
- 사당동
- 시계
- 나무
- 연탄불
- 솔개
- 반딧불
- 가오리
- 족제비
- 박쥐
- 골탕

冠婚喪祭 【관혼상제】

뜻 관례(冠禮)·혼례(婚禮)·상례(喪禮)·제례(祭禮) 등의 네 가지 예를 두고 말함.

| 갓 관 | 혼례 혼 | 제사 상 | 제사 제 |

*남에게 주어도 줄어들지 않는 것은?

*남을 때리는 직업을 가진 것은?

*남의 구두만 내려다보는 사람은?

*남의 비밀을 모두 간직하고 있는 것은?

*남의 이름을 거꾸로만 쓰는 사람은?

*남이 울 때 웃는 사람은?

*남자가 여자에게 이기기 힘든 씨름은?

*남자들이 특히 좋아하는 병은?

*남쪽에서도 올라간다고 하고, 북쪽에서도 올라간다고 하는 곳은?

*남편들이 싫어하는 바람은?

*낫 놓고 기역자도 모르는 사람은?

*낭떠러지에 매달린 사람의 발아래 있는 네 가지 똥은?

● 고사성어

刮目相對 【괄목상대】

뜻 남의 학식이나 재주가 놀랍도록 향상된 경우에 이를 놀라워하는 뜻으로, 눈을 비비고 다시 본다는 말.

| 비빌 괄 | 눈 목 | 서로 상 | 대할 대 |

😀 지식

😀 망치, 파리채

😀 구두닦이

😀 우체통

😀 도장 파는 사람

😀 장의사

😀 입씨름

😀 술병

😀 서울

😀 치맛바람

😀 외국인 관광객

😀 죽을 똥 살 똥, 떨어질 똥 말 똥

矯角殺牛 【교각살우】

뜻 결점이나 흠을 고치려다 수단이 지나쳐서 도리어 일을 그르침.

| 바로잡을 교 | 뿔 각 | 죽일 살 | 소 우 |

● 고사성어

*낮에는 바위였다가 밤에는 마당이 되는 것은?

*낮에는 살고 밤에는 죽는 것은?

*낮에는 낮아지고 밤에는 높아지는 것은?

*낮에는 숨고 밤에는 나오는 것은?

*낮에는 올라가고 밤에는 내려오는 것은?

*낮에는 일하고 밤에는 죄인처럼 매달려 꼼짝 못 하는 것은?

*낮에는 쥐가 되고 밤에는 새가 되는 것은?

*낮에도 밤이라 하는 것은?

*낮에만 할 수 있는 것은?

*내가 웃으면 따라 웃고 화를 내면 따라서 화를 내는 것은?

*내 것인데, 남이 더 많이 사용하는 것은?

*내려가기만 하고 올라가지는 못하는 것은?

고사성어

巧言令色 【교언영색】

뜻 남의 환심을 사기 위해 아첨하는 교묘한 말과 보기 좋게 꾸미는 표정을 이르는 말.

| 교모할 교 | 말씀 언 | 예쁠 령 | 얼굴빛 색 |

😜 이불

😜 해

😜 천장

😜 별, 박쥐

😜 이불

😜 옷

😜 박쥐

😜 밤(먹는 밤)

😜 낮잠

😜 거울

😜 이름

😜 강물, 냇물

九牛一毛 【구우일모】

뜻 많은 것 중에 가장 적은 것을 이르는 말이다. 또는 아주 하찮고 미미한 존재를 뜻한다.

| 아홉 구 | 소 우 | 한 일 | 털 모 |

● 고사성어

*내려갈 때는 가볍고, 올라올 때는 무거운 것은?

*내용은 별것이 없는데 등장인물이 많은 책은?

*냉수에 구더기가 고물고물한 것은?

*너무 많이 웃어서 나는 병은?

*넓은 바다가 좁다고 웅크리고 자는 것은?

*넓은 벌판 한가운데에 물 없는 옹달샘은?

*네 다리를 가지고도 걸어다니지 못하는 것은?

*네모난 것이 온 세상을 잘도 돌아다니는 것은?

*네모난 집에서 나오자마자 빨간 불을 켜는 것은?

*네 쌍둥이를 집어던지며 노는 것은?

*노란 옷 속에 조각달 하나가 들어 있는 것은?

*노잣돈 없이 밤낮으로 가는 것은?

*노처녀가 가장 좋아하는 약은?

고사성어

九尺長身 【구척장신】

뜻 아주 큰 키나 또는 그러한 사람을 가리키는 말이다.

| 아홉 구 | 자 척 | 길 장 | 몸 신 |

- 두레박, 숟가락
- 전화번호부
- 식혜
- 요절복통
- 새우
- 배꼽
- 책상
- 지폐(돈)
- 성냥
- 윷놀이
- 바나나
- 강물, 세월
- 혼약

群鷄一鶴 【군계일학】

뜻 여러 평범한 사람들 가운데 뛰어난 한 사람이 섞여 있음을 이르는 말이다.

● 고사성어

| 무리 군 | 닭 계 | 한 일 | 학 학 |

*노처녀가 가지고 있는 칼은?

*노처녀가 끌고 싶어하는 차는?

*노처녀가 사랑보다 좋아하는 것은?

*노총각이 가장 좋아하는 감은?

*녹색 주머니에 은돈 든 것은?

*논에 막대기를 세운 글자는?

*놀부가 가장 좋아하는 술은?

*농촌의 어디에서나 해마다 하는 내기는?

*농촌의 헌병을 잡아가는 사람은?

*높은 곳으로 떨어지는 것은?

*누구나 발 벗고 나서야 할 수 있는 일은?

*누구나 즐겁게 웃으며 읽는 글은?

*누구든지 노력하면 얻을 수 있는 금은?

● 고사성어

群雄割據 【군웅할거】

뜻 여러 영웅이 세력을 다투어 땅을 갈라 버티고 있음을 이르는 말.

| 무리 군 | 뛰어날(수컷) 웅 | 가를 할 | 차지할 거 |

- 히스테리칼
- 유모차
- 신랑
- 색싯감
- 고추
- 납 신(申) 자
- 심술
- 모내기
- 엿장수
- 경매 물건
- 발 씻는 일
- 싱글벙글
- 저금

權不十年 【권불십년】

뜻 높은 권세(權勢)가 10년을 가지 못한다는 말로서, 막강한 권력을 언제까지 누릴 수 없다는 말.

| 권세 권 | 아닐 불 | 열 십 | 해 년 |

고사성어

* 누구에게 물어 봐도 개성이 분명한 성씨는?

* 누르면 사람이 나오는 것은?

* 눈 감으면 코 베어가는 사람은?

* 눈 깜짝할 사이에 할 수 있는 일은?

* 눈 뜨고 잠자는 것은?

* 눈물 흘리며 고개 숙이는 것은?

* 눈사람의 반대말은?

* 눈 셋에 발 여섯 있는 것은?

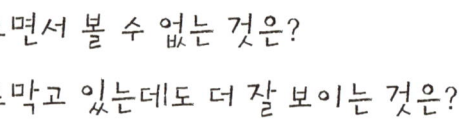

* 눈앞에 있으면서 볼 수 없는 것은?

* 눈앞을 가로막고 있는데도 더 잘 보이는 것은?

* 눈에는 안 보이지만 마디가 있는 것은?

* 눈에는 안 보이지만 모든 사람이 가지고 싶어하는 것은?

●고사성어

勸善懲惡 【권선징악】

뜻 착한 일을 권장하고 악한 짓을 징계함.

| 권할 권 | 착할 선 | 징계할 징 | 악 악(오) |

- 견(犬)씨
- 초인종
- 식인종
- 윙크
- 금붕어
- 수도꼭지
- 일어선 사람
- 애꾸가 말 탄 것
- 눈썹
- 안경
- 노래
- 행복

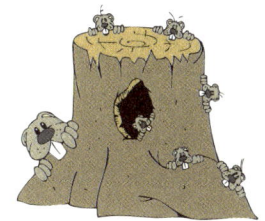

捲土重來 【권토중래】

뜻 한번 싸움에 패한 자가 힘을 돌이켜 전력을 다하여 다시 쳐들어옴을 말함.

● 고사성어

| 말(걸을) 권 | 흙 토 | 다시 중 | 올 래 |

* 눈에는 안 보이지만 열두 마디가 있고, 앞뒤는 춥고 중간은 더운 것은?

* 눈에서 떨어지는 물은 눈물, 눈에서 떨어지는 꽃가루는?

* 눈으로 보지 않고 손으로 보는 것은?

* 눈으로 볼 수도 없고, 손으로 만질 수도 없는 것은?

* 눈을 감으면 보이고 눈을 뜨면 보지 못하는 것은?

* 눈 좋은 사람에겐 안 보이고, 눈 나쁜 사람에겐 잘 보이는 것은?

* 눈 중에 제일 큰 눈은?

* 눈 하나로 일하는 것은?

* 눈물 없이 우는 것은?

* 눈 위에 댓잎 붙인 글자는?

* 눈으로 보지 않고 입으로 보는 것은?

● 고사성어

近墨者黑 【근묵자흑】

뜻 사람은 주변의 환경이나 친구의 영향을 받게 됨.

| 가까울 근 | 먹 묵 | 사람 자 | 검을 흑 |

- 일 년 열 두 달

- 눈곱

- 맥(脈)
- 사람의 마음

- 꿈
- 안경

- 눈〔雪〕
- 바늘
- 새
- 스스로 자(自)
- 맛(味)

錦上添花 【금상첨화】
뜻 좋은 것 위에 더욱 좋은 것을 더한다는 뜻.

| 비단 금 | 위 상 | 더할 첨 | 꽃 화 |

● 고사성어

*뉘우칠 때 먹는 과실은?

*느리게 내려왔다가 빠르게 올라가는 것은?

*늘 둥근데, 길어졌다 짧아졌다 하는 것은?

*늘 맞아야만 사는 것은?

*늙어도 푸르른 것은?

*늙으나 젊으나 등이 굽은 것은?

*늙으면 머리 숙여 절 하는 것은?

*늙으면 발가벗고 뛰쳐나오는 것은?

*늙을수록 예뻐지는 것은?

*늙을수록 무거운 것은?

*늙을수록 탐스러운 것은?

고사성어

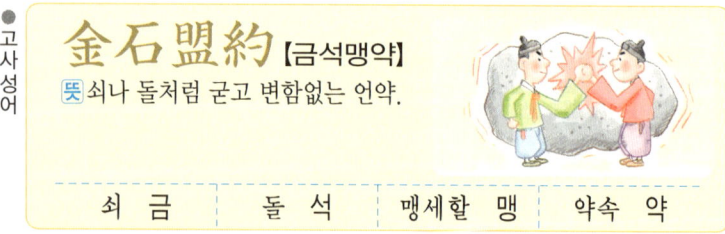

金石盟約 【금석맹약】

뜻 쇠나 돌처럼 굳고 변함없는 언약.

| 쇠 금 | 돌 석 | 맹세할 맹 | 약속 약 |

🐻 사과

🐻 콧물

🐻 해〔日〕

🐻 공, 팽이

🐻 소나무, 대나무

🐻 새우, 할미꽃

🐻 벼, 수수

🐻 콩

🐻 고추, 감

🐻 노인의 다리

🐻 과실

起死回生 【기사회생】

뜻 죽음에 임박한 사람을 다시 살려내는 것을 말한다.

| 일어날 기 | 죽을 사 | 돌아올 회 | 살 생 |

● 고사성어

ⓒ

*다른 것은 다 비추어도 자기 밑은 못 비추는 것은?

*다른 사람들보다 손이 하나 더 있는 사람은?

*다리가 없는데 날마다 세상 구경 다니는 것은?

*다리는 두 개인데, 갈비뼈밖에 없는 것은?

*다리는 하나인데, 머리털이 수없이 많은 것은?

*다리도 없는데, 잘도 뛰는 것은?

*다리도 없이 하늘에 올라가는 것은?

*다리로 올라서 엉덩이로 내려오는 것은?

*다리도 없으면서 순식간에 천리를 가는 것은?

*다리에 발이 달리지 않고 머리에 발이 달린 것은?

*다섯 놈이 꿀 도둑질 하러 갔다가 두 놈은 훔치고 세 놈은 못 훔치는 것은?

●고사성어

杞憂 【기 우】

뜻 쓸데없는 걱정, 안 해도 될 근심을 이르는 말.

기나라 기   근심 우

- 등잔불

- 삼손
- 해, 달
- 사다리
- 총채
- 물가(物價)
- 로켓
- 미끄럼틀

- 전기, 전화
- 문어
- 손으로 코 푸는 것

落張不入 【낙장불입】

뜻 화투·투전·트럼프 따위에서, 한번 판에 내어 놓은 패장(牌張)은 다시 집어들지 못함.

| 떨어질 락 | 펼 장 | 아니 불(부) | 들 입 |

● 고사성어

*다섯 놈은 당기고 다섯 놈은 들어가는 것은?

*다섯 다발의 짚과 일곱 다발의 짚을 한데 묶으면 몇 다발이 될까?

*다섯에서 하나를 먹으니 여섯이 되는 것은?

*다 자랐는데도 계속 자라라고 하는 것은?

*닦으면 닦을수록 더러워지는 것은?

*단골 없는 사업가는?

*단칸방에 아기 중들이 머리를 가지런히 하고 누워 있는 것은?

*달리면 서고 안 달리면 쓰러지는 것은?

*달리지 않으면 날지 못하는 것은?

*닭은 닭인데, 먹지 못하는 닭은?

*닭의 나이는 몇 살일까?

*닭이 열 받으면 어떻게 되나?

고사성어

落花流水 【낙화유수】

뜻 가는 봄의 정경(情景)을 이르는 말. 또는 남녀가 서로 그리는 정을 가지고 있음을 비유하는 말.

| 떨어질 락 | 꽃 화 | 흐를 류 | 물 수 |

- 장갑
- 한 다발

- 나이
- 자라
- 걸레
- 장의사
- 성냥갑

- 자전거
- 비행기
- 까닭
- 81살(닭을 부를 때 '구구'하고 부르니까)
- 프라이드치킨

難攻不落 【난공불락】
뜻 공격하기 어려워 좀처럼 함락되지 않음.

● 고사성어

| 어려울 난 | 칠 공 | 아니 불(부) | 떨어질 락 |

*담은 담인데, 듣기 좋고 하기 좋은 담은?

*담은 담인데, 사람들을 웃기는 담은?

*담은 담인데, 사람들이 무서워하는 담은?

*담은 담인데, 사람들이 싫어하는 담은?

*담은 담인데, 여자들이 좋아하는 담은?

*담은 담인데, 군인들이 좋아하는 담은?

*담은 담인데, 허풍쟁이들이 좋아하는 담은?

*당기면 당길수록 줄어드는 것은?

*대가리는 대가리인데, 입도 없고 눈도 없는 대가리는?

*대가리는 작고 몸뚱이는 커다란 글자는?

*대는 대인데, 출출할 때 생각나는 대는?

*대는 대인데, 죽어 있는 대는?

●고사성어

難兄難弟 【난형난제】

뜻 양자(兩者) 중에 어느 편이 낫다고 판단할 수 없는 경우에 쓰이는 말.

| 어려울 난 | 형 형 | 어려울 난 | 아우 제 |

- 덕담
- 농담, 만담
- 괴담
- 악담
- 잡담
- 무용담
- 장담
- 휴지
- 콩나물 대가리

- 뾰족한 첨(尖) 자
- 순대
- 전봇대

南男北女 【남남북녀】

뜻 남쪽 지방은 남자가 잘나고 북쪽 지방은 여자가 아름답다는 말.

● 고사성어

| 남녘 남 | 사내 남 | 북녘 북 | 계집 녀 |

*더러워질수록 맞고 비틀리는 것은?

*더운 것을 가장 싫어하는 것은?

*더운 여름철에 옷을 잔뜩 껴 입은 것은?

*더울수록 몸이 작아지는 것은?

*더울수록 키가 커지고 추울수록 키가 작아지는 것은?

*더울 때는 옷을 잔뜩 입고 추울 때는 옷을 벗어버리는 것은?

*더울 때는 눈물 흘리고 추울 때는 꽃을 뿌리는 것은?

*더울 때는 일하고 추울 때는 잠자는 것은?

*더울 때는 짧고 추울 때는 긴 것은?

*덜 된 사람들이 꼭 가져야 할 양은?

*덤으로 주어도 받기 싫은 덤은?

● 고사성어

男女有別 【남녀유별】

뜻 남녀 사이에는 분별(分別)이 있어야 함을 뜻하는 말.

| 사내 남 | 계집 녀 | 있을 유 | 다를 별 |

👆 빨래

👆 얼음

👆 옥수수

👆 얼음

👆 온도계

👆 나무

👆 구름

👆 선풍기, 부채

👆 밤〔夜〕

👆 수양

👆 무덤

男尊女卑 【남존여비】			
뜻 남성을 존중하고 여성을 경시하는 일. 또는 그런 사회 관습.			
사내 남	높을 존(준)	계집 녀	낮을 비

● 고사성어

*덥다 덥다 하면서 작아지는 것은?

*도둑이 가장 싫어하는 아이스크림은?

*도둑이 가장 좋아하는 아이스크림은?

*도둑이 훔친 돈을 영어로 하면?

*독은 독인데, 독이 없는 독은?

*돈다고 하는데 가만히 있는 것은?

*돈다고 하는데 안 도는 것 같은 것은?

*돈벌이에 눈이 먼 아비는?

*돈 안 들고 거저 먹는 것은?

*돈은 돈인데, 쓰지 못하는 돈은?

*돈을 벌기 위해 열심히 져야만 하는 사람은?

*돈을 벌려면 우선 망쳐야 하는 사람은?

*돈이 낳는 새끼는?

● 고사성어

内憂外患 【내우외환】

뜻 ①나라 안팎의 여러 가지 어려운 사태를 이르는 말. ②인간은 항상 근심 속에 살고 있다는 말.

| 안 내 | 근심 우 | 바깥 외 | 근심 환 |

- 얼음
- 누가바
- 보석바
- 슬그머니
- 소독
- 머리
- 지구
- 장물아비
- 공기
- 사돈
- 지게꾼
- 어부
- 이자

老馬之智 【노마지지】

뜻 '늙은 말의 지혜'란 뜻으로, 아무리 하찮은 것일지라도 저마다 장기나 장점을 지니고 있음.

| 늙을 로 | 말 마 | 어조사 지 | 지혜 지 |

● 고사성어

*돈이 많은 사람은 거부, 말이 많은 사람은?

*돈이 있어야 오를 수 있는 산은?

*돈 주고도 살 수 없는 것은?

*돌고 도는 것은?

*돌리면 가고 안 돌리면 안 가는 것은?

*돌 많은 언덕의 붉은 날개는?

*돌벽에 명주 늘인 것은?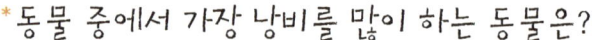

*동그라미밖에 못 그리는 것은?

*동물 중에서 가장 낭비를 많이 하는 동물은?

*동화는 동화인데, 읽을 수 없는 동화는?

*돼지들이 뀌는 방귀는?

*두 개의 머리에 몸이 하나인 것은?

*두 곰보가 위아래에서 싸우는 것은?

고사성어

怒發大發 【노발대발】
뜻 몹시 크게 성을 냄.

| 성낼 노 | 일어날 발 | 큰 대 | 일어날 발 |

- 마부
- 계산
- 세월
- 돈
- 자전거
- 혀
- 폭포
- 컴퍼스
- 사자
- 운동화
- 돈가스
- 콩나물
- 맷돌

勞心焦思 【노심초사】

뜻 마음을 수고롭게 하고 생각을 너무 깊게 함. 애쓰면서 속을 태움.

| 수고할 로 | 마음 심 | 태울 초 | 생각 사 |

고사성어

*두 굴뚝에서 하얀 할아버지가 나왔다 들어갔다 하는 것은?

*두꺼워야 물이 새는 것은?

*두 다리가 멀쩡한데 걷지 못하는 것은?

*두 동네 사람이 함께 모여 사는 동네는?

*두들겨 맞는 것이 일인 것은?

*두 쌍둥이가 평생 같은 일을 하는 것은?

*두 장에다 두 장을 더하면?

*두드리면 두드릴수록 칭찬받는 것은?

*둘이 먹다 둘이 죽어도 모르는 것은?

*둥근 백옥 속에 황금 덩어리가 들어 있는 것은?

*둥근 산에 구멍 일곱 개 있는 것은?

*둥근 언덕에서 나는 피리 소리는?

고사성어

論功行賞 【논공행상】

뜻 공(功)이 있고 없음이나 크고 작음을 따져 거기에 알맞은 상을 줌.

| 논의할 론 | 공 공 | 행할 행 | 상줄 상 |

- 콧물

- 구름
- 안경 다리
- 이촌동
- 다듬잇돌
- 젓가락
- 사장
- 안마
- 연탄가스
- 삶은 달걀
- 얼굴
- 방귀

累卵之危 【누란지위】

뜻 조금만 건드려도 쓰러질 것 같은 아슬아슬한 상태를 이르는 말.

● 고사성어

| 포갤 루 | 알 란 | 어조사 지 | 위태로울 위 |

*둥글어도 반달이라는 것은?

*뒤로 가면 이기고 앞으로 가면 지는 것은?

*뒤에서 밥을 먹고 앞으로 나가는 것은?

*뒤통수에 눈이 박힌 것은?

*뒤틀린 항아리에 고기 한 점 든 것은?

*드라큘라가 가장 싫어하는 사람은?

*들어가기는 한 입으로 들어가고 나오기는 여러 입으로 나오는 것은?

*들어가는 곳은 하나인데, 나가는 곳은 둘인 것은?

*들어가면 들어갈수록 깊어지는 것은?

*들어갈 때는 검은 얼굴, 나올 때는 흰 얼굴인 것은?

*들어갈 때는 머리를 맞고 나올 때는 머리를 뽑히는 것은?

고사성어

多多益善 【다다익선】

뜻 양이나 수가 많으면 많을수록 좋음.

| 많을 다 | 많을 다 | 더욱 익 | 좋을 선 |

☞ 보름달(한 달의 반)

☞ 줄다리기

☞ 대포

☞ 개구리

☞ 달팽이

☞ 찔러도 피 한 방울 안 나는 사람

☞ 국수틀로 국수 빼는 것

☞ 바지

☞ 학문(學問)

☞ 연탄

☞ 못

單刀直入 【단도직입】

뜻 문장이나 언론의 너절한 허두를 빼고 바로 그 요점(要點)으로 풀이하여 들어감.

| 하나 단 | 칼 도 | 곧바로 직 | 들어갈 입 |

● 고사성어

*들어갈 때는 짐이 무겁고, 나갈 때는 가벼운 것은?

*들어갈 때는 한 곳으로 들어가고 나올 때는 세 곳으로 나오는 것은?

*들어오면 빈집이 되고, 나가면 빈집이 아닌 것은?

*들판에서 아기 업고 먼산 보고 절하는 것은?

*등에 눈이 달린 것은?

*등에 뿔이 난 것은?

*등에 산봉우리를 짊어지고 다니는 것은?

*등 위에 배꼽 달린 것은?

*등은 등인데, 발에 달린 등은?

*등은 등인데, 밝은 등은?

*등은 등인데, 손에 달린 등은?

*등이 높은 생선은?

黨同伐異 【당동벌이】

뜻 옳고 그름을 가리지 않고, 뜻이 같은 사람끼리 한패가 되고 뜻이 다른 사람은 물리침.

| 무리 당 | 한가지 동 | 칠 벌 | 다를 이 |

- 밥상

- 담배 연기

- 신발
- 옥수수
- 게
- 지게
- 낙타
- 솥뚜껑
- 발등

- 조명등
- 손등
- 고등어

大器晚成 【대기만성】

뜻 크게 될 사람은 늦게 이루어짐을 이르는 말.

● 고사성어

| 큰 대 | 그릇 기 | 늦을 만 | 이룰 성 |

* 등잔 위가 어두운 등잔은?

* 따끔이 속에 빤빤이, 빤빤이 속에 털털이, 털털이 속에 얌얌이는?

* 따라오지 말라고 해도 자꾸 따라오는 것은?

* 땅 속에 하늘이 들어 있는 것은?

* 땅으로 기어서 다니는 제비는?

* 때리고 훔치는 게 직업인 사람은?

* 때리는 것이 일인 것은?

* 때리면 때릴수록 커지는 것은?

* 때리면 살아나고 안 때리면 죽는 것은?

* 때릴수록 높이 올라가는 것은?

* 때릴수록 먹기 좋은 것은?

* 때릴수록 커지는 것은?

고사성어

大同小異 【대동소이】

뜻 조금 다른 데도 있으나 전체적으로는 거의 같음.

| 큰 대 | 같을 동 | 작을 소 | 다를 이 |

☞ 형광등

☞ 밤

☞ 그림자

☞ 샘

☞ 족제비

☞ 야구 선수

☞ 망치

☞ 북소리, 종소리

☞ 팽이

☞ 공

☞ 북어

☞ 혹

獨不將軍 【독불장군】

뜻 ①자기 멋대로 일을 처리하는 사람을 이름. ②고립된 처지에 있는 사람을 이르는 말.

● 고사성어

| 홀로 독 | 아닐 불 | 장수 장 | 군사 군 |

*떠돌아다니지 않고 사는 곳이 일정한 거지는?

*떡으로 끓인 국은?

*떡은 떡인데, 못 먹는 떡은?

*떡은 떡인데, 입방아를 찧어야 만들 수 있는 떡은?

*떡 중에서 가장 빨리 먹는 떡은?

*똑같은 길을 항상 왔다갔다 하는 것은?

*똑같은데 날마다 키를 재는 것은?

*똑같이 걸어가는데 앞뒤로 한 번씩 자리를 바꾸는 것은?

*뚜껑도 바닥도 없지만 물 담을 때 쓰이는 것은?

*뛰는 고리, 나는 고리, 앉은 고리는?

*뛰면 주저앉고 주저앉으면 뛰는 것은?

*뛰어다니는 똥은?

고사성어

同病相憐 【동병상련】

뜻 어려운 처지에 있는 사람끼리 서로 딱하게 여겨 동정하고 돕는다는 말.

| 같을 동 | 병들 병 | 서로 상 | 불쌍히 여길 련 |

- 주거지
- 떡국
- 그림의 떡
- 쑥떡쑥떡

- 헐레벌떡
- 기차
- 젓가락
- 두 다리

- 깔때기
- 개구리, 꾀꼬리 반짇고리
- 널뛰기
- 불똥

同床異夢 【동상이몽】

뜻 겉으로는 같이 행동하면서도, 속으로는 각각 다른 생각을 함.

| 같을 동 | 평상 상 | 다를 이 | 꿈 몽 |

고사성어

*뛰어도 뛰어도 가지 않는 것은?

*뜨거우면 소리 지르는 것은?

*뜨거운 것을 잘 마시는 것은?

*뜨거운 동굴 속에 들어갔다 나오면 몇 배로 살찌는 것은?

*뜨거운 물만 마시고 사는 것은?

*뜨겁지 않은 불은?

*뜯어야만 볼 수 있는 것은?

ㄹ

*럭비 선수 팀과 축구 선수 팀이 싸우면 어디 편이 유리할까?

*루돌프의 코는 왜 반짝이나?

● 고사성어

杜門不出 【두문불출】

뜻 집 안에만 틀어박혀 밖에 나가지 않는 것.

| 잠글 두 | 문 문 | 아니 불(부) | 날 출 |

- 그네
- 밥솥
- 재떨이
- 뻥튀기

- 보온병
- 반딧불
- 편지

- 럭비 선수 팀(럭비는 15명, 축구는 11명)

- 닮아서

登龍門 【등용문】

뜻 '용문에 오른다'는 뜻으로, 입신 출세의 관문을 일컫거나 뜻을 펴서 크게 출세함을 이르는 말.

| 오를 등 | 용 용(룡) | 문 문 |

● 고사성어

ㅁ

*마구 죽여도 화를 내지 않는 스포츠는?

*마는 마인데 먹지 못하는 마는?

*마당에 나가 열심히 땅을 파면 나오는 것은?

*마디도 없이 자라는 것은?

*마른 옷은 벗고 젖은 옷만 입는 것은?

*마를수록 무거워지는 것은?

*마셔도 마셔도 배가 부르지 않는 것은?

*마시면 떠들게 되는 것은?

*마을 어귀에 서서 험상궂은 얼굴로 잠을 자는 것은?

*마음으로 고칠 수 있는 두 가지 불구는?

*막을수록 새는 것은?

고사성어

燈下不明 【등하불명】

뜻 가까운 데 생긴 일을 먼 데 일보다 더 모른다는 비유.

| 등불 등 | 아래 하 | 아닐 불(부) | 밝을 명 |

- 야구
- 치마
- 땀
- 머리카락
- 빨랫줄
- 노인의 다리
- 공기
- 술
- 장승

- 염치불구, 체면불구
- 하늘(구름으로 막을수록 비가 샘)

燈火可親 【등화가친】

뜻 가을철이 되어 서늘하므로 밤에 등불을 가까이하여 글 읽기에 좋다는 말.

| 등불 등 | 불 화 | 가능할 가 | 친할 친 |

● 고사성어

*만날 때나 헤어질 때나 똑같이 하는 인사는?

*만 리(萬里)를 가도 뒤돌아보지 않는 것은?

*만질수록 커지는 것은?

*많아지기만 하고 적어지는 법이 없는 것은?

*많이 맞을수록 좋은 것은?

*많이 먹으나 적게 먹으나 항상 배가 부른 것은?

*많이 먹을수록 늘어나는 것은?

*많이 먹을수록 화가 나는 것은?

*많이 태우면 태울수록 좋은 사람은?

*말 가운데 가장 정직한 말은?

*말과 행동이 다른 사람이 먹는 밥은?

*말없이 가르치기만 하는 선생님은?

*말은 말인데, 달리지 못하는 말은?

고사성어

馬耳東風 【마이동풍】

뜻 남의 의견이나 충고의 말을 귀담아 듣지 않고 흘려 버림을 이르는 말.

| 말 마 | 귀 이 | 동녘 동 | 바람 풍 |

- 안녕
- 흐르는 물
- 종기
- 나이
- 시험 문제
- 항아리
- 나이, 주름살
- 욕
- 버스 기사
- 참말
- 따로국밥
- 책
- 거짓말

莫上莫下 【막상막하】

뜻 더 낫고 더 못함의 차이가 없음.

| 없을 막(저물모) | 위 상 | 없을 막(저물모) | 아래 하 |

● 고사성어

*말을 하지 않으려고 해도 자기도 모르게 하는 것은?

*말이 많은 사람은?

*맛있는 것을 주어도 사람을 괴롭히는 것은?

*맛있는 음식만 먹고 사는 동네는?

*맛있다 맛있다 하면서 뱉어내는 것은?

*맞고 오면 엄마가 가장 좋아하는 것은?

*매 안의 뚝은?

*매를 맞아야 노래 부르는 것은?

*매를 맞고 하늘로 올라가는 것은?

*매를 맞을수록 고와지는 것은?

*매일 둥근 항아리 속에 들어가 목욕하는 것은?

*매일 학교에는 따라가지만 공부는 하지 않는 것은?

● 고사성어

莫逆之友 【막역지우】

뜻 의기투합하여 아주 친밀한 벗을 이르는 말.

| 없을 막(저물모) | 거스를 역 | 어조사 지 | 벗 우 |

- 잠꼬대

- 목장 주인

- 충치

- 자양동

- 담배 연기

- 100점

- 소매 안의 팔뚝

- 종

- 야구공

- 찰떡

- 양치질

- 가방

萬古江山 【만고강산】

뜻 오랜 세월을 통하여 변함이 없는 산천.

| 일만 만 | 옛 고 | 물 강 | 메 산 |

● 고사성어

*맨입으로 하는 여성들의 레저 스포츠는?

*머리가 잘못한 것을 꽁무니가 가르쳐 주는 것은?

*머리 꼭대기에서 불과 뜨거운 물을 토해 내는 것은?

*머리가 두 조각이 나도 죽지 않는 것은?

*머리로 먹고 머리로 내놓는 것은?

*머리로 먹고 옆으로 내놓는 것은?

*머리로만 오를 수 있는 산은?

*머리로 헤딩하면 불나는 것은?

*머리를 때려야만 칭찬받는 것은?

*머리를 얻어맞아야 들어가는 것은?

*머리를 풀어헤치고 하늘로 올라가는 것은?

*머리 아픈 사람들이 많이 모인 거리는?

●고사성어

萬事休矣 【만사휴의】

뜻 어떻게 손을 써 볼 도리가 없음을 가리키는 말. 무슨 수를 쓴다 해도 도무지 가망이 없음.

| 일만 만 | 일 사 | 그칠 휴 | 어조사 의 |

- 수다떨기
- 지우개 달린 연필
- 화산

- 콩나물
- 병
- 맷돌
- 암산
- 성냥
- 망치

- 못
- 연기
- 두통거리

萬壽無疆 【만수무강】
뜻 수명이 끝없이 긴 것을 이르는 말.

● 고사성어

| 일만 만 | 목숨 수 | 없을 무 | 지경 강 |

*머리에 구멍 뚫린 것은?

*머리에 다리가 달린 것은?

*머리에 지게를 이고 달리는 것은?

*머리카락으로 먼지를 터는 것은?

*머리카락으로 일하는 것은?

*머리 한가운데에 혹이 난 것은?

*먹기 전에는 1개인데, 먹을 때면 2개가 되는 것은?

*먹고 살기 위하여 누구나 한 가지씩 배워야 하는 술은?

*먹고 살기 위해서 하는 내기는?

*먹고 살기 위해서 비비 꼬는 사람은?

*먹고 오면 엄마가 가장 싫어하는 것은?

*먹어도 배가 안 부른 것은?

● 고사성어

萬全之策 【만전지책】

뜻 작은 틈도 찾을 수 없는 완벽한 계책. 실패의 위험성이 조금도 없는 안전한 계책.

| 일만 만 | 온전 전 | 어조사 지 | 계책 책 |

☺ 병

☺ 낙지, 문어

☺ 수사슴

☺ 먼지털이

☺ 붓

☺ 솥뚜껑

☺ 나무젓가락

☺ 기술

☺ 모내기

☺ 꽈배기 장수

☺ 빵점

☺ 담배, 욕

梅蘭菊竹 【매란국죽】

뜻 매화 · 난초 · 국화 · 대나무를 말함.

●고사성어

| 매화 매 | 난초 란 | 국화 국 | 대나무 죽 |

*먹으면 곧 누는 것은?

*먹으면 먹을수록 배고픈 것은?

*먹으면 서고 못 먹으면 주저앉는 것은?

*먹으면 죽는데 안 먹을 수 없는 것은?

*먹을수록 덜덜 떨리는 음식은?

*먹을수록 배만 부르고 똥은 누지 않는 것은?

*먹을수록 하얗게 변하는 것은?

*먹을 수 있는 검은 종이는?

*먹을 수 있는 산은?

*먹지 않아도 맛이 단 것은?

*먹지 않으면 알 수 없는 것은?

*먹지도 못하면서 음식 심부름만 하는 것은?

*먼 벌판에 사슴 발자국이 하나 있는 것은?

● 고사성어

明鏡止水 【명경지수】

뜻 '맑은 거울과 고요한 물'이라는 뜻으로, 티없이 맑고 고요한 심경을 이르는 말.

| 밝을 명 | 거울 경 | 그칠 지 | 물 수 |

- 체
- 소화제
- 쌀자루
- 나이
- 추어탕
- 저금통
- 머리카락
- 김
- 맛동산
- 단잠
- 음식의 맛
- 숟가락, 젓가락
- 배꼽

名實相符 【명실상부】

뜻 이름과 실상이 서로 부합(符合)됨. 명실이 들어맞음.

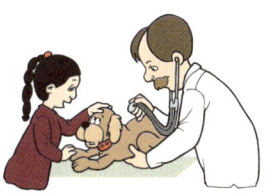

| 이름 명 | 실제(열매) 실 | 서로 상 | 맞을 부 |

고사성어

*먼 산 밑에 바가지를 엎어 놓은 것은?

*먼 산을 보고 방귀 뀌는 것은?

*먼 산을 보고 부채질하는 것은?

*먼 산을 보고 손짓하는 것은?

*먼 산을 보고 절하는 것은?

*먼저 타고 뒤에 내리는 것은?

*멀다면 멀고 가깝다면 가까운 것은?

*메고 올라가서 타고 내려오는 산은?

*메기와 염소에게는 있으나 피라미에는 없는 것은?

*며칠에 한 번씩만 밥을 먹어도 죽지 않는 것은?

*모기가 좋아하는 은행은?

*모든 사람이 길어졌다고 하는데 정작 실물은 조금도 길어지지 않은 것은?

고사성어

矛　　盾 【모　순】

뜻 말이나 행동이 앞뒤가 맞지 않음.

창 모 ｜ 방패 순(돈)

- 무덤
- 총
- 키
- 도리깨
- 방아
- 배 타는 사람
- 섣달 그믐날부터 정월 초하루까지
- 낙하산
- 수염

- 태엽 시계
- 혈액은행
- 해〔日〕

武陵桃源 【무릉도원】

뜻 속세와 완전히 떨어진 별천지를 이르는 말.

고사성어

| 호반 무 | 언덕 릉 | 복숭아 도 | 근원 원 |

*모든 사람이 설날에 꼭 하나씩 먹는 것은?

*모든 일은 아래서부터 시작하는데, 반대로 위에서부터 시작하는 일은?

*모든 일을 다 실을 수 있는 것은?

*모든 사람들이 다 싫어하는 경기는?

*모든 사람들이 다 좋아하는 경기는?

*모습도 없이 아무 곳이나 돌아다니는 것은?

*모양은 똑같은데 작아졌다 커졌다 하는 것은?

*모으면 버려야 하는 것은?

*모자는 모자인데, 쓸 수 없는 모자는?

*모자를 벗고 번갯불 치는 것은?

*모자 벗고 일하고 모자 쓰고 잠자는 것은?

*목수도 고칠 수 없는 집은?

● 고사성어

無知莫知 【무지막지】

뜻 아는 것이 없음, 지식이 없음, 지혜가 없다는 뜻으로, 몹시 무지하고 상스러움.

| 없을 무 | 알 지 | 없을 막 | 알 지 |

- 나이
- 우물 파기

- 신문
- 불경기
- 호경기
- 바람
- 둥근 해
- 쓰레기통
- 모자(母子)
- 라이터
- 만년필
- 고집

刎頸之交 【문경지교】

뜻 친구를 위해서라면 목숨을 아끼지 않을 정도로 매우 절친한 사귐을 이르는 말.

| 목벨 문 | 목 경 | 어조사 지 | 사귈 교 |

● 고사성어

*목을 조이는 것인데도 좋아하며 받는 선물은?

*몸뚱이 하나로 세상을 돌아다니는 것은?

*몸뚱이 하나에 꼬리 달고 하늘에서 춤추는 것은?

*몸에 귀가 하나인 것은?

*몸에서 가장 값나가는 것은?

*몸에 많이 가질수록 해로운 것은?

*몸에 항상 가지고 다니는 금은?

*몸은 넷인데, 공중을 한 번 올라갔다 내려오면 어떤 놈은 젖혀지고 어떤 놈은 엎어지는 것은?

*몸은 하나에 머리·발·손도 없고, 단지 입 하나뿐이고, 그리고 뼈 안에 살이 있는 것은?

*몸은 하나인데, 이가 수도 없이 많은 것은?

*몸은 하나인데, 코만 많은 것은?

*몸은 흰데, 노란 옷만 입는 것은?

●고사성어

文房四友 【문방사우】

뜻 글을 배우는 사람들의 문방구 가운데에서 가장 중요한 종이·먹·붓·벼루, 네 가지를 일컫는 말.

| 글 문 | 방 방 | 넉 사 | 벗 우 |

🐫 넥타이

🐫 돈

🐫 연

🐫 바늘

🐫 오금

🐫 병

🐫 오금

🐫 윷

🐫 조개

🐫 톱

🐫 뜨개질

🐫 참외

聞一知十 【문일지십】

뜻 '하나를 들으면 열을 안다' 는 뜻으로, 머리가 매우 좋음을 이르는 말.

● 고사성어

| 들을 문 | 한 일 | 알 지 | 열 십 |

*몸이 약해지면 '낫'처럼 되고, 살이 찌면 '공'처럼 되는 것은?

*몸이 쑤실 때 검색하는 포털사이트는?

*몸통에 구멍을 뚫어야 노래를 부르는 것은?

*못사는 사람이 많아야 잘되는 장사는?

*못 쓰는 일을 할수록 꼭 필요한 도구는?

*못은 못인데, 박을 수 없는 못은?

*못 팔고도 돈 번 사람은?

*무거울수록 위로 올라가는 것은?

*무는 무인데, 늘어났다 줄었다 하는 것은?

*무는 무인데, 못 먹는 무는?

*무슨 일이든지 언제나 뒤로 미루기만 하는 사람들이 하는 일은?

*무엇이든지 혼자 다 해먹는 사람은?

● 고사성어

門前成市 【문전성시】

뜻 상점이나 장사하는 집에 손님이 많아 문앞이 방문객으로 몹시 붐빈다는 말.

| 문 문 | 앞 전 | 이룰 성 | 시장 시 |

- 고무 풍선

- 엠파스
- 피리
- 철물점
- 장도리
- 연못
- 철물점 주인
- 저울 추
- 고무
- 골무
- 차일피일

- 자취생

物外閑人 【물외한인】

뜻 현실적인 일에 관여하지 않고 한가롭게 지내는 사람.

● 고사성어

| 만물 물 | 바깥 외 | 한가할 한 | 사람 인 |

* 묵은 묵인데, 먹지 못하는 묵은?

* 문은 문인데, 떠돌아다니는 문은?

* 문은 문인데, 손가락에 붙은 문은?

* 문은 문인데, 온 세상 사람들이 다 볼 수 있는 문은?

* 문을 열면 불이 켜지고 닫으면 꺼지는 것은?

* 물 없는 사막에서도 할 수 있는 물놀이는?

* 물 중에서 가장 좋은 물은?

* 물건을 사면서도 받는 돈은?

* 물고기 중에서 가장 학벌이 좋은 물고기는?

* 물고기의 반대말은?

* 물만 먹고 사는 것은?

* 물에 넣어도 젖지 않고 불에 넣어도 타지 않는 것은?

● 고사성어

反骨 【반골】

뜻 권세나 권위에 타협하지 않고 저항하는 기골을 이르는 말.

모반할 반 | 뼈 골

- 침묵
- 소문
- 지문
- 신문

- 냉장고
- 사물놀이
- 선물
- 거스름돈
- 고등어
- 불고기
- 콩나물
- 그림자

拔本塞源 【발본색원】

뜻 사물(事物)의 폐단(弊端)을 없애기 위해서 그 원인을 뿌리째 뽑아 버림을 이르는 말.

| 뽑을 발 | 뿌리 본 | 막을 색(새) | 근원 원 |

고사성어

*물에 빠지면 제일 처음 만나는 적은?

*물에서 태어났으면서도 물에 빠지면 죽는 것은?

*물에 젖을수록 무거워지는 것은?

*물은 물인데, 마시면 죽는 물은?

*물은 물인데, 못 먹는 물은?

*물은 물인데, 물고기들이 가장 싫어하는 물은?

*물은 물인데, 사람들이 가장 무서워하는 물은?

*물은 물인데, 사람들이 가장 좋아하는 물은?

*물은 물인데, 아주 오래 된 물은?

*물은 물인데, 잘 보이지 않는 물은?

*물은 물인데, 정직한 사람들이 싫어하는 물은?

*물을 내뿜는 수많은 입을 가지고 있는 것은?

*물을 먹으면 죽는 것은?

● 고사성어

傍若無人 【방약무인】

뜻 주위의 다른 사람을 전혀 의식하지 않고 거리낌없이 제멋대로 마구 행동함을 이르는 말.

| 곁 방 | 같을 약(야) | 없을 무 | 사람 인 |

- 허우적
- 소금
- 솜
- 양잿물
- 고물
- 그물
- 괴물
- 선물
- 고물

- 가물가물
- 뇌물
- 물뿌리개
- 불

● 고사성어

背水陣 【배 수 진】

뜻 '물을 등지고 친 진지'라는 뜻으로, 목숨을 걸고 어떤 일에 대처하는 경우를 비유한 말.

| 등 배 | 물 수 | 진칠 진 |

* 물이 흘러야 사는 것은?

* 뭔지는 몰라도 자꾸만 보겠다고 하는 곡식은?

* 미끄럼 타면서 불을 만드는 것은?

* 미역장수가 가장 좋아하는 산은?

* 밑으로 먹고 위로 게우는 것은?

* 밑으로 먹고 위로 내뱉는 것은?

ⓑ

* 바가지는 바가지인데, 깨지지 않는 바가지는?

* 바가지는 바가지인데, 못 쓰는 바가지는?

* 바늘과 토끼에게는 있는데 금붕어에는 없는 것은?

* 바다는 바다인데, 물이 없고, 기찻길이 있어도 기차가 없는 것은?

● 고사성어

百年之客 【백년지객】

뜻 아무리 스스럼이 없어져도 언제나 예의를 갖추어 맞아야 할 손님. 곧 사위를 이르는 말.

| 일백 백 | 해 년 | 어조사 지 | 손님 객 |

- 물레방아
- 보리
- 성냥
- 해산, 출산
- 분수
- 대패

- 바가지(아내의)
- 해골바가지
- 귀
- 지도

百年河淸 【백년하청】

뜻 아무리 오래 기다려도 사물이 이루어지기 어려움. 확실하지 않은 일을 기다림을 이르는 말.

| 일백 백 | 해 년 | 강 하 | 맑을 청 |

고사성어

*바다에 뜬 사발은?

*바다에서 사는 개는?

*바닷가에서 해도 되는 욕은?

*바닷물을 뒤로 된다면 몇 되나 될까?

*바람이 불면 안 흔들리고 바람이 안 불면 흔들리는 것은?

*바로 눈앞에 있는데도 안 보이는 것은?

*바로 눈앞을 딱 막았는데도 잘 보이는 것은?

*바람만 불면 춤추는 것은?

*바람 불어 좋은 때는?

*바람에 새가 날아와서 벌레를 다 먹어치우는 것은 무슨 글자?

*바람은 바람인데, 불지 않는 바람은?

*바람이 불어야 가는 것은?

● 고사성어

百年偕老 【백년해로】

뜻 부부가 되어 서로 사이가 좋고 즐겁게 함께 늙음.

| 일백 백 | 해 년 | 함께 해(개) | 늙을 로 |

☞ 달

☞ 조개, 물개

☞ 해수욕

☞ 바다만한 되로 한 되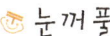

☞ 부채

☞ 눈꺼풀

☞ 안경

☞ 갈대

☞ 연 날릴 때

☞ 새 봉(鳳) 자

☞ 신바람

☞ 돛단배

白面書生 【백면서생】

뜻 오로지 글만 읽고 세상일에 경험이 없는 젊은이를 이르는 말.

● 고사성어

| 흰 백 | 얼굴 면 | 글 서 | 서생 생 |

*바위는 바위인데, 사람들이 싫어하는 바위는?

*바지 속에서 잃어버리고 못 찾는 것은?

*바지 밑에 아이를 잃고 서 있는 것은?

*바지 속에서 없어지는 것은?

*바퀴 달고 하늘을 나는 것은?

*박은 박인데, 농부들이 싫어하는 박은?

*박은 박인데, 받으면 기분 나쁜 것은?

*밖은 푸른데 안은 붉은 것은?

*반드시 모자를 벗어야만 할 수 있는 일은?

*반쯤 앉고 반쯤 서서 추는 춤은?

*받기만 하고 줄 줄은 모르는 것은?

*발가벗고 시집가는 것은?

*발도 없이 천하를 돌아다니는 것은?

●고사성어

白 眉 【백 미】

뜻 형제 중에서 가장 뛰어난 사람, 또는 여럿 중에서 가장 뛰어난 사람이나 물건을 이르는 말.

흰 백   눈썹 미

👁 야바위

👁 방귀

👁 옥수수

👁 방귀

👁 비행기

👁 우박

👁 타박, 구박

👁 수박

👁 이발

👁 엉거주춤

👁 쓰레받기

👁 마늘

👁 바람

百發百中 【백발백중】

뜻 ①총·활 같은 것이 겨눈 곳에 꼭꼭 맞음. ②무슨 일이나 틀림없이 잘 들어맞는 것을 말함.

| 일백 백 | 쏠 발 | 일백 백 | 맞을(가운데) 중 |

● 고사성어

*발버둥치는 사람이 많은 곳은?

*발 없이 천리 가는 것은?

*발에 달려 있는 목은?

*발은 발인데, 머리 꼭대기에 달린 발은?

*발은 발인데, 허공에서 춤추는 발은?

*발이 두 개 달린 소는?

*발이 세 개 달린 것은?

*밝으면 밝을수록 잘 보이지 않는 것은?

*밟을수록 달아나는 것은?

*밤낮 남의 말만 하는 것은?

*밤낮없이 길을 가는 것은?

*밤낮으로 냇가에서 머리 풀고 서 있는 것은?

*밤새도록 같이 있다가 날만 새면 헤어지는 것은?

● 고사성어

白衣從軍 【백의종군】

뜻 ①벼슬이 없이 군대를 따라 전장으로 감. ②어떠한 난관에도 굽히지 않고 이겨 나감.

| 흰 백 | 옷 의 | 좇을 종 | 군사 군 |

- 수영장
- 소문
- 발목
- 가발
- 깃발
- 이발소
- 삼발이
- 영화
- 자전거
- 전화통
- 냇물
- 수양버들
- 이불, 요

百折不屈 【백절불굴】
뜻 '백 번 꺾여도 굽히지 않는다'는 뜻으로, 굳세게 견디어서 조금도 굽히지 않음.

● 고사성어

| 일백 백 | 꺾일 절 | 아닐 불 | 굽힐 굴 |

*밤에 불만 켜면 도망가는 것은?

*밤에는 꽉 차고 낮에는 홀딱 벗는 것은?

*밤에는 닫고 아침에 여는 것은?

*밤에는 찾아볼 수 없는 것은?

*밤에만 몰래 다니는 손님은?

*밤에 봐야 아름다운 꽃은?

*밥 먹고 나서 목욕하는 것은?

*밥 먹기 전에 세수하고, 또 밥 먹은 뒤에 다시 세수하는 것은?

*밥은 밥인데, 먹을 수 없는 밥은?

*밥을 주지도 않으면서 밥 준다는 것은?

*밥 퍼주고도 밥을 못 얻어먹는 것은?

*방귀 뀌고 하늘로 올라가는 것은?

● 고사성어

伯仲之勢 【백중지세】

뜻 서로 우열을 가리기 힘든 형세. 서로 비금비금하여 우열을 가리기 힘든 형세를 이르는 말.

| 맏 백 | 버금 중 | 어조사 지 | 형세 세 |

- 어둠
- 횃대(옷걸이)
- 대문
- 해
- 도둑
- 불꽃
- 그릇, 수저
- 식탁

- 톱밥
- 시계
- 주걱
- 로켓

百尺竿頭 【백척간두】

뜻 ①위태로움과 어려움이 더할 수 없는 지경을 이르는 말. ②여럿 중에 제일 앞서 감.

| 일백 백 | 자 척 | 막대기 간 | 머리 두 |

● 고사성어

*방귀나무에 열리는 열매는?

*방귀 뀌고 성내는 것은?

*방귀 뀌면서 달려가는 것은?

*방귀만 먹고 사는 놈은?

*방 안에 있는 목 두 개는?

*방 안에 치고 자는 텐트는?

*방울은 방울인데, 소리가 안 나는 방울은?

*방은 방인데, 사람이 자지 못하는 방은?

*방은 방인데, 들어가기 싫은 방은?

*배가 불러야 제 모양이 나는 것은?

*배고픈 사람들이 절대 먹어서는 안 되는 약은?

*배꼽으로 먹고 입으로 토하는 것은?

*배꼽에 털이 난 것은?

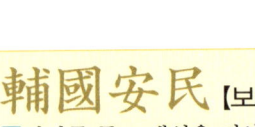

● 고사성어

輔國安民 【보국안민】
뜻 나라를 돕고 백성을 편안하게 함.
최제우가 내세운 동학의 이념이다.

| 도울 보 | 나라 국 | 편안할 안 | 백성 민 |

- 오디(뽕나무 열매)
- 성냥
- 오토바이
- 누에(뽕만 먹고 사니까)
- 윗목, 아랫목
- 모기장
- 솔방울
- 가방
- 감방
- 자루
- 소화제
- 연적(硯滴)
- 도토리

富貴在天 【부귀재천】

뜻 부귀는 하늘의 뜻에 달려 있어 사람의 힘으로는 어찌 할 수 없다는 뜻.

| 부유할 부 | 귀할 귀 | 있을 재 | 하늘 천 |

● 고사성어

*배는 배인데, 못 먹는 배는?

*배우면 배울수록 어려운 것은?

*배울 것 다 배워도 여전히 배우라는 말을 듣는 사람은?

*뱀이 실을 달고 여러 고개를 넘는 것은?

*뱃속에 넣고 필요할 때만 꺼내는 것은?

*벌건 대낮에도 홀랑 벗고 손님을 기다리는 것은?

*벌레 중 가장 빠른 벌레는?

*법적으로 바가지 요금을 받아도 되는 장사는?

*베개를 셀 수 없이 많이 베고 누워 있는 것은?

*베개를 허리에 벤 것은?

*벼락부자가 되려면 무슨 장사를 해야 하나?

*벼락은 벼락인데, 더러운 벼락은?

● 고사성어

父傳子傳 【부전자전】
뜻 대대로 아버지가 아들에게 전함.
혹은 아버지와 자식이 서로 비슷함.

| 아비 부 | 전할 전 | 자식 자 | 전할 전 |

- 돛단배
- 공부
- 배우

- 바늘
- 필통
- 통닭
- 바퀴벌레(바퀴가 있으니까)
- 바가지 장수
- 철도
- 널
- 피뢰침 장사
- 똥벼락

夫唱婦隨 【부창부수】

뜻 '남편이 노래부르고 아내가 이에 따른다' 는 뜻으로, 가정에서의 부부 화합의 도리를 이르는 말.

| 남편 부 | 노래부를 창 | 아내 부 | 따를 수 |

● 고사성어

*벼락은 벼락인데, 무섭지 않은 벼락은?

*벼락은 벼락인데, 불에 안 타는 벼락은?

*벼락을 잡아먹는 것은?

*벽에 붙은 두 기의 꿀통은?

*변학도가 성춘향을 옥에 가둔 죄명은?

*별 중에 가장 슬픈 별은?

*병든 사람들이 가장 받고 싶어하는 복은?

*'병든 자여 다 내게로 오라'고 말한 사람은?

*병신들만이 사는 나라는?

*병아리가 제일 잘 먹는 약은?

*병은 병인데, 말하는 병은?

*병은 병인데, 물을 담을 수 없는 병은?

*병은 병인데, 앓지 않는 병은?

● 고사성어

附和雷同 【부화뇌동】

뜻 자신의 뚜렷한 소신 없이 남이 하는 대로 따라감을 이르는 말.

| 따를 부 | 화합할 화 | 천둥 뢰 | 함께 동 |

- 돈벼락
- 담벼락
- 피뢰침
- 젓
- 혼인신고 미필죄
- 이별
- 회복
- 엿장수
- 네팔
- 삐약
- 일등병, 이등병
- 헌병, 전염병
- 꾀병

不可思議 【불가사의】

뜻 심오하고 신기하여 사람의 생각으로는 헤아려 알 수가 없음. 또는 그 일.

| 없을 불(부) | 가능할 가 | 생각할 사 | 의논할 의 |

● 고사성어

*병은 병인데, 엿장수도 싫어하는 병은?

*병을 고치려는데 십리탕을 지어 쓰라고 의원이 말하는데, 십리탕은 무엇으로 짓나?

*병 중에서 가장 뜨겁고 열이 나는 병은?

*보고도 못 먹는 감은?

*보고도 못 먹는 떡은?

*보기는 보지만 가질 수 없는 것은?

*보는 보인데, 물건을 쌀 수 없는 보는?

*보이지는 않으나 사람에게 없어선 안 되는 것은?

*보이지도 않는 말이 새끼를 많이 치는 것은?

*보통 때는 안 보이고 끓이면 보이는 것은?

*복받는 나무는 무슨 나무?

*볼 때는 안 보이고 안 볼 때는 보이는 것은?

고사성어

不可抗力 【불가항력】

뜻 천재지변(天災地變) 또는 재앙(災殃)처럼, 사람의 힘으로는 저항할 수 없는 힘.

| 없을 불(부) | 가능할 가 | 막을 항 | 힘 력 |

- 위장병
- 오리 두 마리

- 화염병
- 대감, 영감
- 그림의 떡
- 거울 속의 물건이나 그림자
- 울보, 먹보
- 공기
- 소문
- 수증기
- 뽕나무
- 연극 볼 때 치는 막

不問曲直 【불문곡직】

뜻: 잘잘못을 따져 묻지 않음. 사실을 캐물어 따져 보지도 않고 곧바로 함. 다짜고짜.

| 없을 불(부) | 물을 문 | 옳지 않을 곡 | 바를 직 |

● 고사성어

*봉급자들이 한 달에 한 번씩 만져 보는 꼬리는?

*봉사 생활을 오래 하다가 결국 빚을 본 사람은?

*부르면 언제나 대답하지만 몸도 없고 손도 없고 발도 없는 것은?

*부엌일 하는 사람과 가장 친한 거지는?

*부인이 남편에게 매일같이 주는 상은?

*북은 북인데, 소리 안 나는 북은?

*북한 주민들이 평생 볼 수 없는 영화는?

*분명히 자기가 사 오고도 못 사왔다는 것은?

*불면 불수록 커지는 것은?

*불은 불인데, 가시가 많이 돋은 불은?

*불은 불인데, 뜨겁지 않은 불은?

*불은 불인데, 물속에서도 꺼지지 않는 불은?

고사성어

不遠千里 【불원천리】

뜻 천 리를 멀다 하지 않음. 먼 길을 마다하지 않고 왕래함.

| 아닐 불(부) | 멀 원 | 일천 천 | 리 리 |

- 쥐꼬리
- 심 봉사
- 메아리

- 설거지
- 밥상
- 거북, 동서남북
- 부귀영화
- 못을 사온 것
- 풍선
- 가시덤불
- 염불
- 전깃불

不撤晝夜 【불철주야】

뜻: 밤낮을 그만두지 않는다라는 뜻으로, 어떤 일을 쉴새없이 밤낮으로 계속하는 것.

| 아닐 불(부) | 그만둘 철 | 낮 주 | 밤 야 |

● 고사성어

*불은 불인데, 밝지도 않고 뜨겁지도 않는 불은?

*불은 불인데, 절에만 있는 불은?

*불은 불인데, 켜지 못하는 불은?

*불을 끄지 않으면 잠을 잘 수 없는 사람은?

*불을 붙이면 키가 점점 작아지는 것은?

*불을 켤 수 없는 초는?

*불이 났는데도 좋아하는 불은?

*불인데, 타지도 않고, 뜨겁지도 않고, 바람이 불어도 꺼지지 않는 불은?

*붉은 길에 동전 하나가 떨어져 있다. 그 동전의 이름은?

*붙으면 죽고 떨어지면 사는 것은?

*붙잡아도 달아나는 것은?

*비가 안 와도 언제나 우산을 쓰고 있는 것은?

● 고사성어

不肖小子 【불초소자】

뜻 아버지를 닮지 않아 현명하지 못하고 어리석음.

| 아닐 불(부) | 닮을 초(소) | 작을 소 | 아들 자 |

- 검불
- 엿불
- 이불
- 소방관
- 양초
- 식초
- 모닥불
- 반딧불

- 홍길동전

- 고압선
- 시간
- 갓 쓴 전등

不惑 【불 혹】
뜻 세상의 일에 혹하지 않음. 나이 마흔을 가리킴.

| 아닐 불(부) | 미혹될 혹 |

고사성어

*비가 오나 눈이 오나 해가 뜨나 빨간 옷을 입고 종이만 받아먹는 것은?

*비가 와야 일하는 것은?

*비는 비인데, 꼭 피해 가야 하는 비는?

*비는 비인데, 먹을 수 있는 비는?

*비는 비인데, 봄에 오는 비는?

*비는 비인데, 화장실에서 고통을 주는 비는?

*비는 비인데, 사람을 가난하게 만드는 비는?

*비는 비인데, 사람을 홀리게 하는 비는?

*비는 비인데, 쏠지 못하는 비는?

*비는 비인데, 주머니 속에 넣을 수 있는 비는?

*비를 맞아도 젖지 않는 것은?

*비바람에 몽땅 날아가 버린 산은?

● 고사성어

氷山一角 【빙산일각】

뜻 그 대부분이 숨겨져 있고, 외부로 나타나 있는 것은 극히 일부분에 지나지 않음을 비유한 말.

| 얼음 빙 | 메 산 | 한 일 | 모서리 각 |

- 우체통

- 우산

- 과소비

- 갈비

- 제비

- 변비

- 낭비

- 도깨비

- 비〔雨〕

- 차비

- 연기, 그림자

- 풍비박산

● 고사성어

氷炭之間 【빙탄지간】

뜻 사물의 성질이 정반대여서 도저히 서로 융합될 수 없는 사이를 이르는 말.

| 얼음 빙 | 숯 탄 | 어조사 지 | 사이 간 |

*비 오는 날 신나게 쏘다니는 사람은?

*비 올 때 웃는 웃음은?

*비틀어진 딱지에 고기 한 점 든 것은?

*빈 몸으로 갔다가 가득 들고 오는 것은?

*빙글빙글 돌아가야만 소리가 나는 것은?

*빛깔이 흰색인데도 보라라고 하는 것은?

*빛만 보면 못 쓰게 되는 것은?

*빛을 내면서 제 몸 제가 잡아먹는 것은?

*빛이 보이면 소리가 나는 것은?

*빨간 밥 먹고 빨간 똥 싸는 것은?

*빨간 얼굴에 검은 주근깨투성이인 것은?

*빨간 옷 입고 물 속으로 다니는 것은?

*빨간 주머니에 금돈이 가득 든 것은?

고사성어

四顧無親 【사고무친】

뜻 ①의지할 만한 사람이 도무지 없어서 몹시 외롭다는 말. ②의지할 친척이 전혀 없다는 말.

| 넉 사 | 돌아볼 고 | 없을 무 | 친할 친 |

- 우산 장수
- 비웃음
- 달팽이
- 두레박
- 건축
- 눈보라
- 필름
- 촛불
- 번개와 천둥
- 도장
- 딸기
- 금붕어
- 고추

士氣衝天 【사기충천】

뜻 사기가 하늘을 찌를 듯이 높음. '군사의 기운(士氣)이 하늘을 찌른다(衝天)'는 뜻이다.

| 군사 사 | 기운 기 | 찌를 충 | 하늘 천 |

고사성어

*빨면 빨수록 작아지는 것은?

*뼈 위에 털난 것은?

*뼈 하나에 노란 이가 수없이 많이 나 있는 것은?

*뼈 속에 살이 든 것은?

*뼈 하나로 만들어진 사람은?

*뽕은 뽕인데 누에가 먹지 못하는 뽕은?

*뿔 없는 소는?

*사계절 내내 푸른 옷을 입고 있는 것은?

*사는 것을 판다고 말하는 것은?

*사람들에게 올 때, 늘 사이렌을 불면서 오는 것은?

● 고사성어

士農工商 [사농공상]

뜻 선비·농민·장인(匠人)·상인. 유교의 영향으로 고려·조선 시대에 직업에 따라 형성된 사회 계급.

| 선비 사 | 농사 농 | 장인 공 | 장사 상 |

- 담배
- 게
- 옥수수
- 호두
- 이브
- 방귀
- 송아지

- 소나무
- 쌀
- 모기

四面楚歌 【사면초가】

뜻 '사면에서 들려오는 楚나라 노래'란 뜻으로, 누구의 도움도 받을 수 없는 고립된 상태를 이르는 말.

| 넉 사 | 방향 면 | 초나라 초 | 노래 가 |

● 고사성어

* 사람들이 가장 가기 싫어하는 길은?

* 사람들이 가장 싫어하는 거리는?

* 사람들이 가장 싫어하는 덩어리는?

* 사람들이 가장 좋아하는 춤은?

* 사람들이 가장 좋아하는 영화는?

* 사람들이 제일 부러워하는 벌은?

* 사람들이 즐겨 먹는 피는?

* 사람은 사람인데, 햇빛이 비치면 녹는 사람은?

* 사람을 물에 넣었다 말려서 파는 사람은?

* 사람을 울리기도 하고 웃기기도 하는 종이쪽지는?

* 사람의 몸무게가 가장 많이 나갈 때는?

* 사람의 몸으로 만들 수 있는 나무는?

● 고사성어

紗帽冠帶 【사모관대】

뜻 옛날, 관원이 관복을 입을 때 쓰던 모자와 벼슬아치들이 입던 옷을 말한다.

| 집 사 | 모자 모 | 갓 관 | 띠 대 |

- 저승길
- 걱정거리
- 웬수 덩어리
- 안성맞춤
- 부귀영화
- 재벌
- 커피
- 눈사람
- 사진사
- 지폐
- 철들 때
- 물구나무

四分五裂 【사분오열】

뜻 여러 갈래로 어지럽게 분열됨. 여러 갈래로 찢어지거나 흩어짐.

| 넉 사 | 나눌 분 | 다섯 오 | 찢어질 렬(열) |

고사성어

*사람이 가득 타고 빙글빙글 돌고 있는데, 멀미도 나지 않고 떨어지지도 않는 것은?

*사람이 가장 많은 산은?

*사람이 늘 가지고 다니는 흉기는?

*사람이 들어가면 움직이는 집은?

*사람이 먹을 수 없는 다리는?

*사람이 먹을 수 있는 제비는?

*사람이 옥에 갇혀 있는 글자는?

*사람이 일생 동안 가장 많이 듣는 소리는?

*사람이 죽은 고을의 이름은?

*사방 어느 쪽에서 보나 북인 것은?

*사시사철 눈만 깜박이고 서 있는 것은?

*사온다고 하면서도 못 사오는 것은?

고사성어

沙上樓閣 【사상누각】

뜻 겉모양은 번듯하나 기초가 약하여 오래가지 못하는 것, 또는 실현 불가능한 일 따위를 이르는 말.

| 모래 사 | 위 상 | 다락 루 | 누각 각 |

👄 지구

👄 부산

👄 머리칼

👄 가마

👄 사다리

👄 수제비

👄 갇힐 수(囚) 자

👄 숨소리

👄 곡성(谷城)

👄 북(치는)

👄 신호등

👄 못

● 고사성어

死生有命 【사생유명】

뜻 사람의 살고 죽음은 천명(天命)에 달려 있으므로 사람의 힘으로는 어찌할 수 없음을 이르는 말.

| 죽을 사 | 날 생 | 있을 유 | 목숨 명 |

*사진 찍을 때 사람들이 즐겨 찾는 우리 음식은?

*산에 숨어서 남의 흉내만 내는 것은?

*산은 산인데, 들어올릴 수 있는 산은?

*산은 산인데, 나무가 하나도 없는 산은?

*산은 산인데, 미역 장수가 제일 좋아하는 산은?

*산은 산인데, 먹을 수 있는 산은?

*산타클로스가 싫어하는 음식은?

*살아 있어도 우리 눈에 보이지 않는 것은?

*살은 살인데, 나무로 만든 살은?

*살은 살인데, 날아다니는 살은?

*살은 살인데, 아픈 살은?

*살은 살인데, 얄미운 살은?

*삶을수록 단단해지는 것은?

● 고사성어

四書三經 【사서삼경】

뜻 대학 · 중용 · 논어 · 맹자를 사서(四書)라고 하고, 시경 · 서경 · 주역을 삼경(三經)이라고 함.

| 넉 사 | 책 서 | 석 삼 | 책 경 |

- 김치
- 메아리
- 우산
- 재산
- 출산
- 구론산
- 울면
- 세균
- 문살
- 화살
- 몸살
- 엄살
- 달걀

似而非 【사 이 비】

뜻 겉으로는 그것과 같아 보이나 실제로는 전혀 다르거나 아닌 것을 이르는 말.

같을 사   말 이을 이   아닐 비

● 고사성어

*삼시 세 때 주리를 트는 것은?

*삼키지 않고 뱉어야 되는 약은?

*삽 없이도 땅굴을 잘 파는 것은?

*상위에서 두 다리 춤추는 것은?

*상은 상인데, 못 받는 상은?

*상인들이 싫어하는 경기는?

*새는 새인데, 날지 못하는 새는?

*새도 되고 쥐도 되는 것은?

*새 발의 피 때문에 운명이 바뀐 두 사람은?

*새 중에서 가장 빠른 새는?

*새 중에서 가장 큰 새는?

*새 중에서 진짜 새는?

*샐러리맨이 가장 좋아하는 일은?

● 고사성어

四柱八字 【사주팔자】

뜻 우리 인간의 타고난 신수(身數)인 생년(生年)·생월(生月)·생일(生日)·생시(生時)를 말한다.

| 넉 사 | 기둥 주 | 여덟 팔 | 글자 자 |

- 행주
- 치약
- 두더지

- 젓가락
- 울상
- 불경기
- 노새
- 박쥐
- 흥부와 놀부
- 눈 깜짝할 새
- 하늘과 땅 새(사이)

- 참새
- 휴일

● 고사성어

四通八達 【사통팔달】

뜻 도로가 잘 되어 있고 교통이 좋아 어느 방향으로나 다 통한다는 뜻이다.

| 넉 사 | 통할 통 | 여덟 팔 | 이를 달 |

* 생명도 없는 줄기인데, 환환 꽃이 피는 것은?

* 생일이 곧 제삿날인 것은?

* 생전 거짓말하지 않는 것은?

* 생떼를 쓰면서 우기기 잘 하는 거지는?

* 서러운 일도, 누구한테 맞은 일도 없이 눈물이 나는 것은?

* 서로 진짜라고 우기는 신은?

* 서서 잠자는 것은?

* 서서 쉬고 앉아서 일하는 것은?

* 서양에서는 서고, 동양에서는 누워 있는 글자는?

* 서울에서 가장 시원한 동네는?

* 서울에서 가장 큰 동네는?

* 서울에서 극장이 가장 많은 동네는?

事必歸正 【사필귀정】

뜻 모든 잘잘못은 반드시 바른 길로 돌아옴.

| 일 사 | 반드시 필 | 돌아갈 귀 | 바를 정 |

- 전기
- 하루살이
- 거울
- 어거지
- 하품

- 옥신각신
- 말
- 거문고
- 한 일(一) 자
- 청량리
- 만리동
- 개봉동

殺身成仁 【살신성인】

뜻 '몸을 죽여 어진 일을 이룬다'는 뜻으로, 다른 사람 또는 대의를 위해 목숨을 버린다는 말.

| 죽일 살 | 몸 신 | 이룰 성 | 어질 인 |

● 고사성어

*서울에서 대문을 두 개씩 두고 사는 동네는?

*서울역은 어느 구로 들어갈까?

*석 자밖에 안 되는 도시는?

*석탄이 석유가 되게 하려면 어떻게?

*선거철에 입후보자가 일구는 밭은?

*선생님들이 매일 찾는 나무는?

*선은 선인데, 고양이가 가장 좋아하는 선은?

*선은 선인데, 못 지우는 선은?

*성격 차이로 다투던 부부의 마지막 의견일치는?

*성공하면 죽고 실패하면 사는 것은?

*성미 급한 사람들을 비춰 주는 달은?

*세계 어디로 가나 가장 빠른 차는?

*세계에서 가장 날쌘 개는?

● 고사성어

三綱五倫 【삼강오륜】

뜻 유교의 도덕 사상에서 기본이 되는 세 가지의 강령과 다섯 가지의 인륜.

| 석 삼 | 벼리 강 | 다섯 오 | 인륜 륜 |

*삼강(三綱)은 군위신강 · 부위자강 · 부위부강, 오륜(五倫)은 부자유친 · 군신유의 · 부부유별 · 장유유서 · 붕우유신이다.

- 쌍문동
- 개찰구
- 삼척
- 석탄을 팔아서 그 돈으로 석유를 사면 됨
- 표밭
- 주목
- 생선
- 유람선
- 합의이혼
- 자살
- 안달복달
- 첫차
- 번개

三顧草廬 【삼고초려】

뜻 '초가집을 세 번 찾아간다'는 뜻으로, 사람을 진심으로 예를 갖추어 맞이한다는 것을 비유한 말.

| 석 삼 | 찾을 고 | 풀 초 | 오두막집 려 |

● 고사성어

*세계에서 데모를 가장 많이 하는 나라는?

*세계에서 몸집에 제일 큰 여자의 이름은?

*세균 중에서 대장은?

*세모꼴 모자를 쓰고 다리가 열 개 달린 것은?

*세모난 그릇에 하얀 분이 가득 들어 있는 것은?

*새 발로 걸어다니는 것은?

*세상 모든 것을 다 덮는 것은?

*세상 사람들이 똑같이 먹는 것은?

*세상에서 가장 골치 아픈 끈은?

*세상에서 가장 긴 것은?

*세상에서 가장 달콤한 국은?

*세상에서 가장 더럽고 추잡스럽기 짝이 없는 개는?

고사성어

森羅萬象 【삼라만상】

뜻 우주 안에 있는 온갖 사물과 현상.

| 빽빽할 삼 | 휩싸일 라 | 일만 만 | 모양 상 |

- 우간다
- 태평양
- 대장균
- 오징어
- 메밀
- 늙은이
- 눈꺼풀
- 나이
- 지끈지끈
- 길
- 천국
- 꼴불견

三昧境 【삼매경】

뜻 오직 한 가지 일에만 마음을 집중시키는 경지.

| 석 삼 | 어두울 매 | 지경 경 |

● 고사성어

*세상에서 가장 머리가 긴 사람은?

*세계에서 가장 빠른 개는?

*세상에서 가장 빠른 닭은?

*세상에서 가장 예쁜 소는?

*세상에서 가장 작은 섬은?

*세상에서 가장 잘 깨지는 유리창은?

*세상에서 가장 추운 바다는 어디?

*세상에서 제일 큰 코는?

*세상의 어떤 것이든 금방 똑같이 그리는 것은?

*세상에서 가장 뜨거운 바다는 어디일까요?

*세 사람만 탈 수 있는 차는?

*세상에 태어나서 열여섯 살에 다 크고, 열여섯부터는 다시 작아져 서른 살에 죽는 것은?

● 고사성어

三水甲山 【삼수갑산】

뜻 어떤 결심을 단단히 하는 문맥에서, 무릅쓰거나 각오해야 할 최악의 상황을 강조하여 이르는 말.

| 석 삼 | 물 수 | 첫째천간 갑 | 메 산 |

- 장발장
- 번개
- 후닥닥

- 미소
- 건포도
- 와장창
- 썰렁해!
- 멕시코
- 거울

- 열바다
- 인삼차
- 달

三日天下 【삼일천하】

뜻 아주 짧은 기간의 집권을 비유하는 말로, 잠깐 정권을 잡았다가 곧 물러나게 됨을 이르는 말.

| 석 삼 | 날 일 | 하늘 천 | 아래 하 |

● 고사성어

*세종대왕의 새 직업은?

*세탁소 주인이 좋아하는 나무는?

*소가 외나무다리를 건너가는 글자는?

*'소가 웃는 소리'를 세 글자로 하면?

*소금으로 부자가 되려면?

*소금을 죽이면 무엇이 될까?

*소금장수가 좋아하는 사람은?

*소는 소인데, 공기보다 가벼운 소는?

*소는 소인데 날아다니는 소는?

*소리는 소리인데, 특히 여자들이 싫어하는 소리는?

*소리 없이 가는데 붙잡을 수 없는 것은?

*소리 나는 꽃은?

● 고사성어

三尺童子 【삼척동자】

뜻 석 자(三尺)밖에 자라지 않은 아이라는 뜻으로, 철없는 어린 아이를 이르는 말.

| 석 삼 | 자 척 | 아이 동 | 아들 자 |

- 조폐 공사 전속 모델

- 구기자나무

- 날 생(生) 자

- 우(牛) 하하

- 소와 금으로 나눔

- 죽염

- 싱거운 사람

- 수소

- 하늘 소

- 잔소리

- 세월

- 나팔꽃

桑田碧海 【상전벽해】

뜻 '뽕나무밭(桑田)이 푸른 바다(碧海)가 되었다'는 뜻으로, 세상의 변화가 빠르거나 덧없음.

| 뽕나무 상 | 밭 전 | 푸른 벽 | 바다 해 |

• 고사성어

* 소방관들이 모든 국민들에게 자나깨나 하고 다니는 말은?

* 소방서가 필요 없는 동네는?

* 속상한 사람이 많을수록 돈을 잘 버는 사람은?

* 속이 끓어오르는 사람이 쓴 글은?

* 속이 빌수록 큰소리를 내는 것은?

* 손가락으로 싸우는 놀이는?

* 손님들에게 악착같이 바가지 요금을 받는 사람은?

* 손님 앞에서도 오줌 싸는 것은?

* 손님에게 등을 보이지 않으면 장사할 수 없는 직업은?

* 손님이 깎아 달라는 대로 다 깎아 주는 사람은?

* 손님이 들어가서 주인을 내쫓는 것은?

● 고사성어

塞翁之馬 【새옹지마】

뜻 인생에 있어서 길흉화복(吉凶禍福)은 항상 바뀌어 미리 헤아릴 수가 없다는 뜻.

| 변방 새(색) | 늙은이 옹 | 어조사 지 | 말 마 |

☞ 화(火) 내지 마

☞ 방화동

☞ 의사

☞ 부글부글

☞ 깡통

☞ 가위바위보

☞ 바가지 장수

☞ 주전자

☞ 운전사

☞ 이발사

☞ 열쇠

世俗五戒 【세속오계】

뜻 신라 시대에 원광법사가 화랑들에게 지켜야 할 것으로 제시한 다섯 가지 계율.

| 인간 세 | 속세 속 | 다섯 오 | 계율 계 |

● 고사성어

*세속오계(世俗五戒): 사군이충 · 사친이효 · 교우이신 · 임전무퇴 · 살생유택.

*손님이 뜸하면 돈 버는 사람은?

*손님이 없으면 없을수록 좋은 곳은?

*손님이 올 때마다 끌려 나오는 것은?

*손님이 오면 방 가운데 앉는 것은?

*손님이 오면 제일 먼저 나가서 인사하는 것은?

*손도 발도 없는데 온 세상을 다 돌아다니는 것은?

*손도 발도 없으면서 늘 우리 몸에 붙어다니는 것은?

*손 안 대고 나무를 흔드는 것은?

*손에 항상 쥐고 다니는 금은?

*손을 대지 않고 쌀 수 있는 것은?

*손을 올리면 멈추는 것은?

*손이 닿으면 안 되는 공은?

고사성어

袖手傍觀 【수수방관】

뜻: '팔짱을 끼고 보고만 있다'는 뜻으로, 응당 해야 할 일에 아무런 간여도 하지 않고 그대로 버려 둠.

| 소매 수 | 손 수 | 곁 방 | 볼 관 |

- 한의사
- 교도소
- 방석
- 재떨이
- 개
- 말(言)
- 옷

- 바람
- 손금
- 똥
- 택시
- 축구공

고사성어

水魚之交 【수어지교】

뜻 '물과 물고기의 사귐'이란 뜻으로, 서로 떨어질 수 없는 친밀한 사이를 이르는 말.

| 물 수 | 물고기 어 | 어조사 지 | 사귈 교 |

*쇠 먹고 똥 누는 것은?

*쇠만 먹고 사는 것은?

*수영장에서 물에 빠지면 만나는 무서운 적은?

*수컷 제비가 암컷 제비를 부를 때 하는 말은?

*수험생이 가장 싫어하는 국은?

*술은 술인데, 못 먹는 술은?

*술은 술인데, 어린이가 배워도 되는 술은?

*술은 술인데, 자신을 보호하기 위해 배우는 술은?

*술을 마셔야 만나는 동물은?

*숫자 열 개로 어디에 사는 누구든 불러 내는 것은?

*쉴 새 없이 부딪쳐도 소리가 안 나는 것은?

*슈퍼마켓에서 일하는 남자를 세 글자로 줄이면?

● 고사성어

脣亡齒寒 【순망치한】

뜻 입술이 없으면 이가 시리다는 뜻으로, 서로 떨어질 수 없는 밀접한 관계라는 뜻.

| 입술 순 | 망할 망 | 이 치 | 찰 한 |

- 도가니
- 용광로
- 허우적

- 지지배
- 미역국
- 요술, 마술, 심술
- 무술
- 호신술
- 고래
- 전화기

- 눈꺼풀
- 슈퍼맨

是是非非 【시시비비】

뜻 여러 가지의 잘잘못. 옳으니 그르니 하고 여러 가지로 시비함. 또는 그러한 말다툼.

| 옳을 시 | 옳을 시 | 그를 비 | 그를 비 |

고사성어

* 스님들이 전혀 걱정할 필요가 없는 병은?

* 스키는 스키인데, 먹는 스키는?

* 슬플 때나 기쁠 때나 제일 먼저 나오는 것은?

* 슬픔을 모두 받아주는 것은?

* 승은 승인데, 중이 아닌 것은?

* 시간을 정지시키는 네모 난 종이는?

* 시원하지도 않으면서 요란한 것은?

* 식당에서 키우는 개는?

* 식인종이 거지를 보고 하는 말은?

* 신경통 환자가 가장 싫어하는 악기는?

* 신발 속에서 사는 새는?

* 신발에 들어 있는 쇠는?

* 신발 가게에서 주인과 손님이 다투는 소리는?

● 고사성어

識字憂患 【식자우환】

뜻 너무 많이 알기 때문에 쓸데없는 걱정도 그만큼 많다는 뜻.

| 알 식(지) | 글자 자 | 근심 우 | 근심 환 |

- 탈모증
- 위스키
- 눈물
- 손수건
- 스승
- 사진
- 치맛바람
- 이쑤시개
- 불량식품
- 비올라
- 발냄새
- 구두쇠
- 옥신각신

實事求是 【실사구시】

뜻 사실에 토대하여 진리를 탐구하는 일이란 뜻.

| 실제 실 | 일 사 | 찾을 구 | 옳을 시 |

*신은 신인데, 못 신는 신은?

*실수 많은 사람들이 사는 동네는?

*실없는 사람한테는 있으나마나 한 것은?

*실은 실인데, 못 감는 실은?

*실제로는 존재하지만 영원히 오지 않는 날은?

*실컷 두들기고 고맙다는 말을 듣는 것은?

*심지 못하는 씨는?

*십리 길에서 가운데에서 만나는 동물은?

*싸우려면 먼저 뭉쳐야 하는 것은?

*쌀밥에 보리차를 말아서 먹으면?

*쌀의 나이는?

*쌍둥이 형제가 무거운 짐을 지고 사이좋게 다니는 것은?

●고사성어

阿鼻叫喚 【아비규환】

뜻 차마 눈뜨고 보지 못할 참상이라는 말.

| 언덕 아 | 코 비 | 부르짖을 규 | 부를 환 |

☞ 귀신

☞ 면목동

☞ 바늘

☞ 온실

☞ 내일

☞ 안마쟁이

☞ 아저씨

☞ 오리

☞ 눈싸움

☞ 혼식

☞ 백 살(백미(白米)라고 하니까)

☞ 신발

暗中摸索 【암중모색】

뜻 ①확실한 방법을 모르고 이리저리 시도해 봄. ②남이 보지 않는 가운데 무엇인가를 도모함.

고사성어

| 어두울 암 | 가운데 중 | 더듬을 모 | 찾을 색(삭) |

*썩어야 먹는 것은?

*썰면 썰수록 많이 나오는 것은?

*쓰기는 분명히 썼는데 읽을 수는 없는 것은?

*쓰면 쓸수록 늘어나는 것은?

*쓰면 쓸수록 좋아지는 것은?

*쓰면 쓸수록 커지는 것은?

*쓸 때는 필요 없다가 안 쓸 때만 필요한 것은?

*쓸 만한 구석이 없어도 열심히 찾아 쓸 수밖에 없는 사람은?

*씨를 뿌린 적도 없는데 잘 자라는 것은?

*씨앗도 안 뿌렸는데 돋아나서 자라는 것은?

*씹지 못하는 이는?

● 고사성어

弱肉強食 【약육강식】

뜻 '약한 자는 강한 자에게 먹힘'이란 뜻으로, 생존(生存) 경쟁(競爭)의 치열함을 말함.

| 약할 약 | 고기 육 | 강할 강 | 먹을 식 |

- 메주
- 톱밥
- 모자
- 지식
- 머리
- 빗
- 만년필 뚜껑
- 청소부

- 머리카락
- 뿔
- 오이

羊頭狗肉 【양두구육】

뜻 '양머리를 걸어 놓고 개고기를 판다'는 뜻으로, 겉과 속이 일치하지 않음을 이르는 말.

| 양 양 | 머리 두 | 개 구 | 고기 육 |

고사성어

ㅇ

*아가리 없는 단지에 두 가지 물이 든 것은?

*아궁이에서 불 때고 굴뚝에서 먹는 것은?

*아기도 아닌데 등에 업혀 학교에 다니는 것은?

*아기를 앞에 업고 다니는 것은?

*아기일 때는 못 울고 어른이 되면 울 수 있는 것은?

*아기 있는 사람이 살기 싫어하는 동네는?

*아기 토마토가 커서 되고 싶은 것은?

*아들은 날아가도 아버지는 못 날아가는 것은?

*아래는 하얗고 위는 빨간데 눈물을 줄줄 흘리는 것은?

*아래로는 못 가고 위로만 가는 것은?

*아래로 먹고 위로 토하는 것은?

● 고사성어

梁上君子 【양상군자】

뜻 ①집 안에 들어온 도둑을 점잖게 이르는 말. ②쥐를 비유하여 부르는 말.

| 들보 량 | 위 상 | 임금 군 | 아들 자 |

- 달걀
- 담뱃대
- 책가방
- 캥거루
- 개구리

- 미아동
- 케첩
- 활과 화살
- 양초

- 연기, 김
- 총, 대패

魚東肉西 【어동육서】

뜻 제사상을 차릴 때, 생선은 동쪽에 놓고 고기는 서쪽에 놓는 일.

| 물고기 어 | 동녘 동 | 고기 육 | 서녘 서 |

● 고사성어

*아무 죄도 없는데 목에 밧줄을 맨 것은?

*아무 죄도 없이 고개를 숙이고 있는 것은?

*아무것도 안 먹어도 뚱뚱이가 되었다가 홀쭉이가 되었다가 하는 것은?

*아무나 봐도 웃는 것은?

*아무도 믿을 수 없다는 사람이 가장 믿는 신은?

*아무리 늦어도 빠르다고 하는 것은?

*아무리 가도 만나지 못하는 것은?

*아무리 가도 제자리에 있는 것은?

*아무리 나이를 먹어도 늘 푸른 것은?

*아무리 높은 사람도 모자를 벗어야 하는 곳은?

*아무리 두드려도 소리가 안 나는 북은?

*아무리 따라다녀도 방에 들어가지 못하는 것은?

● 고사성어

漁夫之利 【어부지리】

뜻 쌍방이 다투는 사이에 제삼자가 힘들지 않고 이득을 챙긴다는 말.

| 고기 잡을 어 | 사내 부 | 어조사 지 | 이로울 리 |

- 두레박
- 콩나물
- 달

- 꽃
- 자기 자신
- 죽음
- 평행선
- 쳇바퀴
- 상록수
- 이발관, 미용실
- 동서남북
- 신발

易地思之 【역지사지】
뜻 처지를 바꾸어 생각함.

고사성어

| 바꿀 역(이) | 땅 지 | 생각 사 | 어조사 지 |

* 아무리 때려도 멍들지 않는 것은?

* 아무리 마셔도 탈나지 않는 것은?

* 아무리 마셔도 배부르지 않는 것은?

* 아무리 만원 버스라도 늘 앉아서 가는 사람은?

* 아무리 많이 실어도 무겁지 않은 것은?

* 아무리 말을 하려고 해도 못하고, 아무리 말을 안 하려고 해도 하게 되는 것은?

* 아무리 멀리 가도 가까운 사람은?

* 아무리 모자라도 버릴 수 없는 것은?

* 아무리 문을 두드려도 절대 열어 주지 않는 것은?

* 아무리 베어도 베어지지 않는 것은?

* 아무리 빨리 걷고 또 뛰어서 앞서 가려고 해도 형이 동생을 앞서지 못하는 것은?

* 아무리 빨리 달려도 앞차를 앞지를 수 없는 차는?

고사성어

緣木求魚 【연목구어】

뜻 '나무에 올라가 물고기를 구한다'는 뜻으로, 불가능한 일을 억지로 하려고 함.

| 오를 연 | 나무 목 | 구할 구 | 물고기 어 |

🐶 다듬이

🐶 공기

🐶 담배 연기

🐶 운전기사

🐶 신문 기사

🐶 잠꼬대

🐶 친척

🐶 어머니와 아들

🐶 감옥

🐶 공기, 물, 불, 그림자, 연기

🐶 사륜마차

🐶 기차

榮枯盛衰 【영고성쇠】

뜻 인생이나 사물의 성함과 쇠함이 서로 바뀜.

| 번영할 영 | 마를 고 | 성할 성 | 쇠할 쇠 |

● 고사성어

*아무리 빨리 돌아도 한 자리에서 도는 것은?

*아무리 빨리 달려도 따라오는 것은?

*아무리 씹어도 삼킬 수 없는 것은??

*아무리 잘 드는 칼로도 자를 수 없는 것은?

*아무리 재주가 좋은 사람이라도 낮이 아니면 할 수 없는 것은?

*아무리 쳐도 빨리 돌지 않는 것은?

*아버지는 청춘이고 아들은 백발인 것은?

*아비 목 베는데 자식이 춤추는 것은?

*아우는 형 집에 들어가도 형은 아우 집에 못 들어가는 것은?

*아이들이 겨울에 즐겨먹는 코는?

*아이들이 긴 막대에 흙덩이를 낀 글자는?

*아이들이 어른들에게 구경시켜 주는 것은?

● 고사성어

五里霧中 【오리무중】

뜻 어디에 있는지 찾을 길이 막연하거나 갈피를 잡을 수 없음을 이르는 말.

| 다섯 오 | 리 리 | 안개 무 | 가운데 중 |

- 물레방아
- 그림자
- 껌
- 물
- 낮잠

- 달팽이
- 목화
- 나무 베는 것
- 그릇

- 핫초코
- 효도 효(孝) 자
- 학예회

五十步百步 【오십보백보】

뜻 조금 낫고 못한 정도의 차이는 있으나 본질적으로는 차이가 없음을 이르는 말.

| 다섯 오 | 열 십 | 걸음 보 | 일백 백 | 걸음 보 |

● 고사성어

* 아이 때 희고, 커서는 푸르고, 늙어서는 붉은 것은?

* 아이의 얼굴에는 없고 남자 어른의 얼굴에만 있는 까끌까끌한 것은?

* 아이큐 30이 생각하는 산토끼의 반대말은?

* 아이큐 60이 생각하는 산토끼의 반대말은?

* 아이큐 80이 생각하는 산토끼의 반대말은?

* 아이큐 100이 생각하는 산토끼의 반대말은?

* 아이큐 150이 생각하는 산토끼의 반대말은?

* 아이큐 200이 생각하는 산토끼의 반대말은?

* 아침마다 절받는 것은?

* 아침에는 네 발로, 낮에는 두 발로, 저녁에는 세 발로 걷는 것은?

* 아침에 열 냥, 저녁에 닷 냥은?

●고사성어

吳越同舟 【오월동주】

뜻 적의를 품은 사람끼리 같은 장소나 처지에 놓여 서로 도움을 이르는 말.

| 오나라 오 | 월나라 월 | 같을 동 | 배 주 |

- 고추

- 수염

- 끼토산
- 집토끼
- 죽은 토끼
- 바다 토끼
- 판 토끼
- 알칼리 토끼
- 세면대
- 사람

- 문(門)

烏合之卒 【오합지졸】

뜻 규율도 통일성도 없는 군중이나 갑자기 모인 훈련 없는 군세(軍勢)를 이르는 말.

| 까마귀 오 | 합할 합 | 어조사 지 | 군사 졸 |

● 고사성어

*아침에는 키다리, 낮에는 난쟁이, 저녁에는 다시 키다리가 되는 것은?

*아침저녁 수시로 목욕하는 것은?

*아침저녁으로 침만 흘리고 못 얻어먹는 것은?

*아프지도 않은데 매일 집에서 쓰는 약은?

*아홉 명의 자식을 석 자로 줄이면?

*안 먹으려야 안 먹을 수 없고, 먹어도 배는 안 부르고, 많이 먹으면 죽는 것은?

*앉으면 높아지고 서면 얕아지는 것은?

*앉을 수는 있어도 걷지는 못하는 것은?

*앉지도 못하고 시원하게 걷지도 못하고 밤낮 흔들거리기만 하는 나라는?

*알 낳고 방귀 뀌는 것은?

*알 낳고 우는 것은?

溫故知新 【온고지신】

뜻 옛 것을 익히고 그것으로 미루어 새 것을 앎을 이르는 말.

| 익힐 온 | 옛 고 | 알 지 | 새로울 신 |

👄 사람의 그림자

👄 그릇
👄 행주
👄 치약
👄 아이구
👄 나이

👄 천장
👄 의자
👄 브라질

👄 총
👄 닭

臥薪嘗膽 【와신상담】
뜻 원수를 갚으려고 온갖 괴로움을 참고 견딤.

● 고사성어

| 누울 와 | 땔나무 신 | 맛볼 상 | 쓸개 담 |

* 알은 알인데, 껍질도 까지 않고 통째로 먹는 알은?

* 알은 알인데, 날아가는 알은?

* 알은 알인데, 덜 되었다고 하는 알은?

* 알 중에 가장 큰 알은?

* 알파벳은 모두 몇 글자인가?

* 앞뒤로 집이 6개(큰 놈은 10개)가 있는데 매일 사람을 가득 삼켰다 토했다 하는 괴물은?

* 앞산에서는 불이 타고, 뒷산에서는 연기가 나는 것은?

* 앞서 가는 동생을 형이 못 쫓아가는 것은?

* 앞에서 가면 옆에서 못 지나가고, 옆으로 지나가면 앞으로 못 가는 것은?

* 앞에서는 나팔을 불고 뒤에서는 춤추는 것은?

* 앞으로는 가도 뒤로는 못 가는 것은?

● 고사성어

樂山樂水 【요산요수】

뜻 '산수(山水) 경치(景致)를 좋아함'을 이르는 말. 산과 물을 좋아함, 곧 자연을 사랑함.

| 좋아할 요 | 메 산 | 좋아할 요 | 물 수 |

*樂 자는 풍류 악, 즐길 락, 좋아할 요의 세 가지 음훈이 있다.

- 밥알

- 총알

- 거위 알

- 눈알(온 세상이 다 보이니까)

- 3글자

- 전차

- 담뱃대

- 수레바퀴

- 횡단보도

- 개

- 시냇물, 세월

龍頭蛇尾 【용두사미】

뜻 '머리는 용인데 꼬리는 뱀'이라는 뜻으로, 시작은 좋았다가 갈수록 나빠짐의 비유하는 말.

| 용 룡 | 머리 두 | 뱀 사 | 꼬리 미 |

● 고사성어

*애 태우면 태울수록 좋은 사람은?

*약은 약이라도 못 먹는 약은?

*약은 약인데, 아껴 먹어야 하는 약은?

*양계장을 하다가 망한 사람을 3글자로?

*양식을 먹으면서 함께 부르는 노래는?

*양심 있는 사람이나 양심 없는 사람이나 모두 시커먼 것은?

*양은 양인데 많이 배운 사람에게 많은 양은?

*앞도 절벽, 뒤도 절벽인데, 팽팽 돌아 문이 난 집은?

*앞에서 보나 위에서 보나 아래에서 보나 모양이 똑같은 것은?

*양초가 가득 차 있는 상자를 3자로 줄이면?

*어깨로 먹고 허리로 똥 누는 것은?

고사성어

牛耳讀經 【우이독경】

뜻 '쇠귀에 경 읽기'라는 뜻으로, 어리석어 남의 말을 이해하지 못함을 이르는 말.

| 소 우 | 귀 이 | 읽을 독(두) | 책 경 |

- 목마 태워 주는 사람
- 구두약, 화약
- 절약
- 알거지
- 포크송
- 그림자

- 교양
- 달팽이, 소라

- 공
- 초만원
- 맷돌

月下老人 【월하노인】

뜻 '달 아래 있는 노인'이란 뜻인데, 중매하는 사람을 일컫는 말이다.

● 고사성어

| 달 월 | 아래 하 | 늙을 로 | 사람 인 |

*어느 누구에게 주어도 조금도 없어지지 않는 것은?

*어두울 때면 우리 곁에서 머리를 풀어헤치고 눈물을 흘리는 것은?

*어떤 장사라도 모래판에 무릎을 꿇려야만 하는 것은?

*어려서는 까맣고, 젊어서는 빨갛고, 늙어서는 하얗게 되는 것은?

*어려서는 물 속을 다니고 커서는 하늘을 다니는 눈알이 뒤룩거리는 곤충은?

*어려서는 옷을 입고, 커서는 옷을 벗는 것은?

*어른인데도 침을 흘리며 우는 것은?

*어릴 때는 꼬리로 헤엄치고, 커서는 다리로 헤엄치는 것은?

*어릴 때는 못 울고 커서는 우는 것은?

● 고사성어

危機一髮 【위기일발】

뜻 눈앞에 닥친 위기의 순간을 이르는 말.

| 위태로울 위 | 때 기 | 한 일 | 머리카락 발 |

😃 지식

😃 양초

😃 천하장사

😃 연탄

😃 잠자리

😃 누에

😃 소

😃 개구리

😃 매미, 개구리

有備無患 【유비무환】

뜻 평소에 준비가 철저하면 후에 근심할 것이 없음을 뜻하는 말.

● 고사성어

| 있을 유 | 갖출 비 | 없을 무 | 근심 환 |

*어릴 때는 옷을 입고 있다가 차차 커지면 옷을 벗어버리는 것은?

*어미는 가만히 있는데 자식은 좋아라고 춤을 추는 것은?

*언론의 자유를 가로막는 2가지 동물은?

*언제나 까만 마음(흑심)을 품고 있는 것은?

*언제나 말다툼이 있는 곳은?

*언제나 새 옷만 입는 것은?

*언제나 우산같이 서 있는 것은?

*언제든지 외상으로 먹을 수 있는 음식은?

*얻어맞고 비틀거리고 하늘에서 춤추는 것은?

*얼굴 가득 가스를 마시고 하늘 높이 떠 있는 것은?

*얼굴 없이 말하는 것은?

고사성어

流言蜚語 【유언비어】

뜻 아무 근거 없이 널리 퍼진 소문. 터무니없이 떠도는 말. 뜬소문.

| 흐를 류 | 말씀 언 | 날 비 | 말씀 어 |

☞ 밤송이

☞ 나무

☞ 쥐와 새(낮말은 새가 듣고 밤말은 쥐가 듣는다)

☞ 연필

☞ 경마장

☞ 마네킹

☞ 버섯

☞ 밥(겸상이나 외상으로 먹을 수 있으니까)

☞ 빨래

☞ 애드벌룬

☞ 전화

泣斬馬謖 【읍참마속】

뜻 사사로운 감정을 버리고 엄정히 법을 지켜 기강을 바로 세우는 일에 비유하는 말.

| 울 읍 | 벨 참 | 말 마 | 일어날 속 |

● 고사성어

*얼굴에 딱지를 붙이고 어디든지 가는 것은?

*얼굴이 여섯이고 눈이 스물하나인데, 밤낮 뒹구는 것은?

*얼릴수록 뜨거워지는 것은?

*엄마는 날아다니고 아기는 기어다니는 것은?

*엄마 옆에 있는 고리는?

*엉덩이에 모자 쓰고 배꼽에 털 난 것은?

*엉덩이에 불을 때면 입으로 김을 내뱉는 것은?

*엎어 놓아도 말똥말똥, 바로 놓아도 말똥말똥한 것은?

*엘리베이터는 무슨 힘으로 움직일까?

*여름에는 나지 않고 겨울에만 나는 김은?

*여름에는 들어가지만 겨울에는 못 들어가는 것은?

● 고사성어

以心傳心 【이심전심】

뜻 마음으로써 마음을 전함을 이르는 말.

| 써 이 | 마음 심 | 전할 전 | 마음 심 |

☞ 편지

☞ 주사위

☞ 사랑

☞ 나비와 애벌레

☞ 반짇고리

☞ 도토리

☞ 주전자

☞ 말똥

☞ 스위치

☞ 입김

☞ 강, 바다

人面獸心 【인면수심】

뜻 '사람의 얼굴에 짐승의 마음'이란 뜻으로, 잔인하고 흉악한 짐승 같은 사람을 뜻하는 말.

| 사람 인 | 낯 면 | 짐승 수 | 마음 심 |

● 고사성어

*여름에는 옷을 입고 겨울에는 옷을 벗는 것은?

*여름에도 찬바람이 부는 것은?

*여름에 먹는 것인데 아무리 먹어도 배부르지 않는 것은?

*여름이나 겨울이나 언제나 겨울인 것은?

*여자가 가장 좋아하는 집은?

*여자들이 항상 다듬는 톱은?

*여자 목욕탕에서 공포의 대상은?

*연기가 안 나는 불은?

*연은 연인데 하늘 높이 뜨지 못하는 연은?

*연은 연인데 많은 사람들이 보고 즐기는 연은?

*연을 띄우면 띄울수록 자꾸 야위어지는 것은?

*열 놈이 잡아당기고 다섯 놈이 들어가는 것은?

仁者無敵 【인자무적】

뜻 어진 사람은 모든 사람을 사랑하므로 천하에 적대(敵對)하는 사람이 없음.

| 어질 인 | 사람 자 | 없을 무 | 적 적 |

- 활엽수
- 에어컨
- 더위

- 냉장고
- 시집
- 손톱
- 체중계
- 전깃불
- 인연
- 공연
- 실패
- 버선 신는 것

一擧兩得 【일거양득】

뜻 '하나를 행하여 둘을 얻는다'는 뜻이다. 즉, 한 가지 일로써 두 가지 이익을 거둔다는 말.

| 한 일 | 들 거 | 두 량 | 얻을 득 |

● 고사성어

*열 명 있어도 한 사람이라고 하는 것은?

*열 번을 하나 백 번을 하나, 하나밖에 안 되는 것은?

*열(十;십)에 댓잎 하나 붙은 글자는?

*엿장수도 싫어하는 병은?

*엿장수가 가장 싫어하는 쇠는?

*옆으로는 다녀도 앞뒤로는 못 다니는 것은?

*옆으로 먹고 옆으로 누는 것은?

*예의바른 사람이 사는 동네는?

*오뉴월에 찬바람이 나는 것은?

*오는 손님을 내쫓는 동네는?

*오던 놈인지 가던 놈인지 모르는 것은?

*오르면 오를수록 나쁜 것은?

● 고사성어

一刀兩斷 【일도양단】

뜻 '한칼로 두 동강 낸다'는 뜻으로, 머뭇거리지 않고 일이나 행동을 선뜻 결정함을 비유하는 말.

| 한 일 | 칼 도 | 둘 량 | 끊을 단 |

🐭 한의사

🐭 한숨

🐭 일천 천(千) 자

🐭 위장병

🐭 구두쇠

🐭 게

🐭 작두

🐭 인사동

🐭 부채, 선풍기, 에어컨

🐭 가락동

🐭 게

🐭 물가

一罰百戒 【일벌백계】

뜻 여러 사람에게 경각심을 불러일으키게 하기 위하여 본보기로 무거운 벌로 다스리는 일.

| 한 일 | 벌줄 벌 | 일백 백 | 경계할 계 |

● 고사성어

* 오르면 오를수록 좋은 것은?

* 오른손으로는 들어도 왼 손으로는 못 드는 것은?

* 오른쪽 귀와 같은 것은?

* 오른쪽 눈으로 보면 왼쪽에 있고, 왼쪽 눈으로 보면 오른쪽에 있는 것은?

* 오리는 오리인데, 날지도 못하면서 행패만 부리는 오리는?

* 오리는 오리인데, 뱅뱅 돌아가는 오리는?

* 오리의 방석은?

* 오막살이에 백발 노인이 들락날락하는 것은?

* 오이의 나이는 몇 살?

* 옥으로 만든 궤 속에 금덩어리가 들어 있는 것은?

* 온통 문제투성인 것은?

* 온 힘을 다해 말을 빠르게 하는 것은?

고사성어

一瀉千里 【일사천리】

뜻 ①조금도 거침없이 빨리 진행됨.
②문장이나 글이 명쾌함을 이르는 말.

| 한 일 | 흐를 사 | 일천 천 | 리 리 |

☞ 월급

☞ 왼손

☞ 왼쪽 귀

☞ 자기 코

☞ 탐관오리

☞ 회오리

☞ 물

☞ 콧물

☞ 쉰두(52) 살

☞ 달걀

☞ 시험지

☞ 경마 기수

一心同體 【일심동체】

뜻 여러 사람이 한 마음으로 결합하는 일, 또는 여러 사람이 한 마음·한 몸 같음을 이르는 말.

| 한 일 | 마음 심 | 같을 동 | 몸 체 |

고사성어

*올 때에도 갈 때라고 하는 것은?

*올라가면 내려가고 내려오면 올라가는 것은?

*올라가면 닫히고 내려가면 열리는 것은?

*올라가면 하나가 되고, 내려오면 둘이 되는 것은?

*올림픽 경기에서 권투를 잘하는 나라는?

*옮길수록 커지는 것은?

*옷 벗기고, 털 뽑고, 살은 먹고, 뼈는 버리는 것은?

*옷에 걸고 다니는 빵은?

*옷을 가장 많이 해 입는 나라는?

*왕이 넘어지면 뭐가 될까?

*왕이 타고 다니는 차는?

*외국 나가는 사람들이 찾는 나무는?

고사성어

一葉片舟 【일엽편주】

뜻 조그마한 조각배. 한 척의 작은 배를 이르는 말.

| 한 일 | 잎 엽 | 조각 편 | 배 주 |

- 갈대(풀 이름)
- 시소
- 지퍼
- 지퍼
- 칠레
- 소문
- 옥수수

- 멜빵
- 가봉
- 킹콩
- 킹카
- 비자나무

一日如三秋 【일일여삼추】

뜻 '하루가 3년 같다'는 뜻으로, 무엇을 매우 애타게 기다리는 것을 이르는 말.

| 한 일 | 날 일 | 같을 여 | 석 삼 | 가을 추 |

● 고사성어

*외나무 끝에 갈대밭이 있는 것은?

*외출할 때 가장 윗자리를 차지하는 것은?

*왼쪽에 서면 좌익 세력, 오른쪽에 서면 우익 세력, 앞에 서면 선동 세력, 뒤에서면 배후 세력, 그러면 중간에 서면 무슨 세력인가?

*우리가 잠잘 때, 늘 곁에 있는 개는?

*우리나라 대학생을 가장 많이 울린 탄은?

*우리나라 최초의 다이빙 선수는?

*우리나라 최초의 돌팔이 의사는?

*우리나라에서 가장 높은 역은?

*우리나라에서 가장 큰 모자를 쓴 사람은?

*우리나라에서 도를 통한 스님이 가장 많은 절은?

*우리나라에서 제일 작은 나무는 몇 그루?

*우리나라에서 키가 제일 큰 사람은 몇 명일까?

● 고사성어

一字無識 【일자무식】

뜻 '글자 한 자도 모를 정도로 무식하다는 뜻'으로, 아무것도 알지 못하는 아주 무식함을 뜻함.

| 하나 일 | 글자 자 | 없을 무 | 알 식 |

😃 칫솔

😃 모자

😃 핵심세력

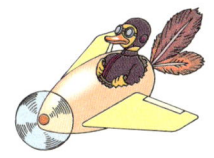

😃 베개

😃 최루탄

😃 심청이

😃 흥부

😃 서울역(모두 올라오니까)

😃 가장 머리 큰 사람

😃 통도사

😃 한 그루

😃 한 명

一字千金 【일자천금】

뜻 '한 글자마다 만큼의 가치가 있다'는 뜻으로, 몹시 훌륭한 글씨나 문장을 이르는 말.

● 고사성어

| 하나 일 | 글자 자 | 일천 천 | 쇠 금 |

*우리나라에서는 꼬마들도 아는데 외국에서는 어른들도 잘 모르는 것은?

*우리나라 의상계에서 패션을 창시한 사람은?

*'우리에게 내일은 없다!'는 말은 누가 했나?

*우습게 봐줄수록 좋다고 하는 사람은?

*우주 사이의 등불 두 개는?

*운동화 때문에 인간이 자신을 버렸다고 말하는 벌레는?

*운전자들이 꼭 배워야 할 춤은?

*울기는 처량하게 울어도 헛울음 우는 것은?

*울다가 다시 웃는 사람을 5자로 줄이면?

*울어도 눈물이 없고 웃어도 웃음이 없는 것은?

*울어도 흉내 내고 웃어도 흉내 내는 것은?

*울타리 아래 아이 업고 서 있는 것은?

● 고사성어

一場春夢 【일장춘몽】

뜻 '한바탕의 봄꿈'이란 뜻으로, 인생의 헛된 영화(榮華)나 덧없는 일을 비유하여 이르는 말.

| 한 일 | 마당 장 | 봄 춘 | 꿈 몽 |

☜ 한글

☜ 의상 대사

☜ 하루살이

☜ 코미디언

☜ 해와 달

☜ 짚신벌레

☜ 우선 멈춤

☜ 매미

☜ 아까운 사람

☜ 물고기

☜ 거울

☜ 옥수수

日就月將 【일취월장】

뜻 날로 달로 나아가거나 발전해 나감. 끝없이 노력하면 날마다 달마다 발전해 나간다는 뜻임.

| 날 일 | 나아갈 취 | 달 월 | 나아갈 장 |

● 고사성어

* 움직이는 집은 무엇?
* 움켜쥐고 기르는 것은?
* 웃으면 이빨이 쏟아지는 것은?
* 원숭이를 구우면 무엇이 될까?
* 위로 내려가는 것은?
* 위로 먹고 위로 나오는 것은?
* 위에서는 산수 공부 하는데 밑에서는 그네 타고 노는 것은?
* 위에서는 필요 없고 아래에서만 사용되는 것은?
* 윗니보다 아랫니가 더 많은 것은?
* 육지에 사는 고래는?
* 음매음매 우는 나무는?
* 의사만 사는 동네는?

● 고사성어

一波萬波 【일파만파】

뜻 한 사건이 비단 그 사건에 그치지 않고 잇달아 많은 사건으로 번짐.

| 한 일 | 물결 파 | 일만 만 | 물결 파 |

- 가마
- 실꾸리
- 석류 열매
- 구운몽
- 먹은 음식
- 병, 항아리
- 추시계

- 책받침
- 피아노
- 술고래
- 소나무
- 청진동

一片丹心 【일편단심】	
뜻 참되고 정성 어린 마음, '참된 충성이나 정성'을 일컫는 말이다.	

| 한 일 | 조각 편 | 붉을 단 | 마음 심 |

● 고사성어

*이 가운데 맨 나중에 나는 이는?

*이는 이인데, 아이들이 좋아하는 이는?

*이름을 바로 읽으나 거꾸로 읽으나 똑같은 과일은?

*이 방 저 방 해도 제일 좋은 방은?

*2 빼기 2(이 빼기 이)는?

*이 산에서 소리치면 저 산에서 흉내내는 것은?

*이 산 저 산을 빨간 혀로 핥아 가는 것은?

*이 산 저 산의 풀을 다 먹고도 배가 고파서 입을 벌리는 것은?

*이 세계(개)가 마구 흔들리면 어디로 가야 하나?

*이 세상 만물을 모두 덮는 것은?

*이 세상에서 가장 좋은 통은?

*이 세상에서 가장 힘든 일은?

● 고사성어

立身揚名 【입신양명】

뜻 사회적으로 인정을 받고 출세하여 이름을 세상에 드날림.

| 설 립 | 몸 신 | 날릴 양 | 이름 명 |

- 틀니
- 떡볶이
- 토마토

- 서방
- 틀니
- 메아리
- 산불
- 아궁이

- 치과
- 눈꺼풀
- 운수대통
- 칼로 물 베기

自家撞着 【자가당착】

뜻 말이나 행위가 앞뒤가 맞지 않아 조리에 어긋남을 이르는 말.

| 스스로 자 | 집 가 | 부딪칠 당 | 붙을 착 |

● 고사성어

*이 세상에서 제일 맛난 음식은?

*이 세상에 태어난 뒤로 머리를 한 번도 깎아 본 적이 없는 것은?

*이 세상에 태어날 때부터 모두 쌍둥이인 것은?

*이분의 일 했다고 하는 뜻은?

*이빨이 가장 튼튼한 개는?

*이상한 사람들이 모이는 곳은?

*이씨와 손씨가 싸워서 이씨가 지는 것은?

*이자 없이 꾸는 것은?

*이혼의 근본적인 원인은?

*'인생에 대해 궁금한 자는 내게로 오라'라고 떠들고 다니는 벌레는?

*일 년에 한 번밖에 못 먹는 것은?

*일단은 외울 필요가 없는 것은?

● 고사성어

自手成家 【자수성가】

뜻 물려받은 재산이 없이 스스로의 힘으로 한 살림을 이룩함.

| 스스로 자 | 손 수 | 이룰 성 | 집 가 |

🐘 배 고팠을 때 먹는 음식

🐘 붓

🐘 젓가락

🐘 반했다

🐘 치와와

🐘 치과

🐘 이 죽이는 것

🐘 꿈

🐘 결혼

🐘 무당벌레

🐘 나이

🐘 구구단

自中之亂 【자중지란】

뜻 같은 패 안에서 일어나는 싸움. 곧, 내부에서 일어난 혼란이라는 뜻.

| 스스로 자 | 가운데 중 | 어조사 지 | 어지러울 란 |

● 고사성어

*1 더하기 1(일 더하기 일)은?

*일어섰을 때는 안 보이고, 앉았을 때만 보이는 것은?

*일을 많이 할수록 키가 작아지는 것은?

*1천만 서울시민이 한 마디씩 하다면?

*일하기 전에 반드시 검은 물에 목욕하는 것은?

*일할 때는 드러눕는 것은?

*읽을 수 없는 책은?

*임꺽정이 타고 다니는 차는?

*임산부는 걱정하는 산은?

*입는 고리는?

*입만 벌렸다 닫았다 하면 일이 되는 것은?

*입방아를 찧어 만든 떡은?

作心三日 【작심삼일】

뜻 한번 결심한 것이 사흘을 이어지지 않음. 곧 결심이 약함을 이르는 말.

| 지을 작 | 마음 심 | 석 삼 | 날 일 |

👆 중노동

👆 발바닥

👆 초, 연필

👆 천만의 말씀

👆 붓

👆 홍두깨

👆 속수무책

👆 으라차차차!

👆 유산

👆 저고리

👆 가위

👆 쑥떡쑥떡

張三李四 【장삼이사】

뜻 이름이나 신분이 특별하지 않은 평범한 사람들을 이르는 말.

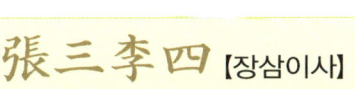

| 성씨(베풀) 장 | 석 삼 | 성씨(오얏) 이(리) | 넉 사 |

● 고사성어

*입 속에 입이 있는 글자는?

*입으로 먹고 배로 내놓는 것은?

*입으로 먹고 입으로 내놓는 것은?

*입으로 먹고 입으로 토하는 것은?

*입으로 먹지 않고 귀로 먹는 것은?

*입을 천 개나 가진 글자는?

*입이 넷 달린 개(犬)는 무슨 글자냐?

*입이 아홉인데, 하나는 다물고 있고 여덟은 늘 벌리고 있는 글자는?

*입이 열 넷 있는 글자는?

*입은 하나인데, 똥구멍이 여럿인 것은?

*잎 끝에 꽃이 피는 것은?

才子佳人 【재자가인】

뜻 재자(才子)는 학덕(學德) 있는 남자를, 가인(佳人)은 아름답고 재주가 빼어난 여자를 뜻한다.

| 재주 재 | 아들 자 | 아름다울 가 | 사람 인 |

- 돌아올 회(回) 자
- 우체통
- 병
- 자루
- 욕
- 혀 설(舌) 자
- 그릇 기(器) 자
- 우물 정(井) 자

- 그림 도(圖) 자
- 떡시루
- 파

賊反荷杖 【적반하장】

뜻 잘못한 사람이 도리어 잘한 사람을 나무라는 경우를 이르는 말.

| 도둑 적 | 도리어 반 | 멜 하 | 몽둥이 장 |

● 고사성어

ㅈ

*자기가 말하고도 모르는 것은?

*자기 것인데, 남이 더 많이 부르는 것은?

*자기들만이 옳다는 사람들만 사는 집은?

*자기 몸을 더럽히면서 남을 깨끗이 해주는 것은?

*자기의 일을 하느라고 남을 두들기는 것은?

*자기 전에 꼭 해야 하는 것은?

*자기 집에서는 절대로 먹을 수 없는 점심은?

*자기 집을 등에 지고 돌아다니는 것은?

*자꾸 잘못했다고 비는 것은?

*자나깨나 이별을 원하는 사람은?

*자녀들이 기대하는 산은?

*자는 자인데 공부하는 자는?

●고사성어

適者生存 【적자생존】

뜻 생존 경쟁의 세계에서, 그 환경에 적응하는 것만이 살아남고 그렇지 못한 것은 멸망하는 일.

| 맞을 적 | 사람 자 | 살 생 | 있을 존 |

☞ 잠꼬대

☞ 이름

☞ 고집

☞ 걸레

☞ 방망이

☞ 눈 감는 일

☞ 급식

☞ 달팽이

☞ 파리

☞ 준장(별 하나)

☞ 유산

☞ 학자

戰戰兢兢 【전전긍긍】

뜻 전전(戰戰)이란 몹시 두려워서 떠는 모양, 긍긍(兢兢)이란 몸을 움츠리고 조심하는 모양을 말함.

| 떨 전 | 떨 전 | 조심할 긍 | 조심할 긍 |

· 고사성어

*자는 자인데, 먹는 자는?

*자는 자인데, 나무에 열리는 자는?

*자는 자인데 병원에서 많이 볼 수 있는 자는?

*자는 자인데, 볼 수 있는 자는?

*자는 자인데 사람들의 존경을 받는 자는?

*자는 자인데 사람의 힘으로 바꿀 수 없는 자는?

*자루는 자루인데, 물건을 담지 못하는 자루는?

*자리는 자리인데, 깔지 못하는 자리는?

*자리는 자리인데, 앉을 수도 설 수도 없는 자리는?

*자신 없는 학생이 시험을 치른 후 기다리는 달은?

*자신을 자동차로 우기는 곤충은?

*자신이 가수 '비'라고 우기는 곤충은?

고사성어

轉禍爲福 【전화위복】

뜻 끊임없는 노력과 강인한 의지로 애쓰면 불행을 행복으로 바꾸어 놓을 수 있다는 말.

| 바꿀 전 | 재앙 화 | 될 위 | 복 복 |

- 과자
- 탱자
- 병자
- 눈동자
- 공자, 맹자
- 팔자
- 빗자루
- 꿈자리
- 고추잠자리

- 정원 미달
- 바퀴벌레
- 나비

絶世佳人 【절세가인】

뜻 세상(世上)에 비할 데 없이 아름다운 여자(女子)를 이르는 말.

| 뛰어날 절 | 세상 세 | 아름다울 가 | 사람 인 |

● 고사성어

*자신이 오래 살고 있다고 착각하는 벌레는?

*자신이 인간을 가두었다고 주장하는 곤충은?

*자신이 인간을 재운다고 주장하는 곤충은?

*작고도 큰 것은?

*작아도 크다고 하는 나무는?

*작은 것은 못 들어가고 큰 것은 들어가는 장은?

*잔등에 다리가 둘 있는 것은?

*잘 때나 깨어 있을 때나 항상 하지 않으면 안 되는 것은?

*잘못 짜면 코를 풀어 다시 짜야 하는 것은?

*잘못하면 만나는 동물은?

*잘못한 사람만 들어가는 문은?

*잘못했을 때 먹는 과일은?

● 고사성어

切齒腐心 【절치부심】

뜻: 몹시 원통하고 분한 일을 당하여 이를 설욕하기 위하여 '이를 갈고 마음을 썩이다'는 뜻.

| 벨 절 | 이 치 | 썩을 부 | 마음 심 |

- 장수벌레
- 모기 (모기장에서 잠을 자니까)
- 잠자리
- 소대가리 (곧 소대(小大)가리므로)
- 대나무
- 모기장
- 지게
- 숨쉬기

- 뜨개질
- 매
- 반성문
- 사과

漸入佳境 【점입가경】

뜻 일이 점점 더 재미있는 지경(地境)으로 돌아가는 것을 비유하는 말로 쓰임.

| 차차 점 | 들 입 | 아름다울 가 | 경지 경 |

• 고사성어

*장사꾼이 좋아하는 술은?

*장에 가서 장을 사다 장에 넣는 것은?

*장은 장인데, 못 먹는 장은?

*재수 없을 때 받는 수술은?

*잴 수는 없지만 뜰 수는 있는 자는?

*저 언덕 너머 절로 가는 것은?

*저축을 많이 하는 사람이 좋아하는 나무는?

*적에게 꽁무니를 보여야 이기는 것은?

*전기가 나가면 집집마다 걸리는 비상은?

*전(全) 세계 어디서도 4개인 것은?

*전쟁 중에 적에게 가장 받고 싶은 복은?

*절대로 앞으로는 갈 수 없으면서도 사람들을 태우는 것은?

● 고사성어

正正堂堂 【정정당당】

뜻 정당하고 떳떳하다는 뜻. 바르고 정연하며 기세가 당당한 모양을 말함.

| 바를 정 | 바를 정 | 떳떳할(집) 당 | 떳떳할(집) 당 |

- 상술
- 시장에 가서 간장을 사다 찬장에 넣는 것
- 구들장
- 재수술
- 국자
- 스님
- 은행나무
- 달음박질
- 초비상
- 사방(四方)
- 항복
- 엘리베이터

諸子百家 【제자백가】

뜻 중국(中國)의 춘추전국시대(春秋戰國時代)의 여러 학파(學派)를 말한다.

| 모두 제 | 아들 자 | 일백 백 | 집 가 |

*절은 절인데, 뒤로하는 절은?

*절약 시대에 폭풍우보다 더 무서운 비는?

*젊어서는 까맣고 늙어서는 하얀 것은?

*젊어서는 약하고 늙을수록 튼튼해지는 것은?

*젊어서는 파란 옷을 입고 늙어서는 빨간 옷을 입는 것은?

*젊었을 때도 늙었다는 것은?

*젊을 때는 빨갛고 늙어서는 검은 것은?

*정신병원에 가야 하는데도 치과에 가는 사람은?

*정직한 사람들이 싫어하는 신은?

*젖은 옷은 입고 마른 옷을 벗는 것은?

*제 몸 천배 뛰는 것은?

*제 자리에 있으면서도 늘 가고 있는 것은?

● 고사성어

朝令暮改 【조령모개】

뜻 '아침에 영을 내리고 저녁에 고친다'는 뜻으로, 일관성 없는 정책을 빗대어 쓰는 말.

| 아침 조 | 명령 령 | 저물 모 | 고칠 개 |

💬 기절

💬 낭비

💬 머리털, 수염

💬 대나무

💬 대추, 고추, 감

💬 할미꽃

💬 오디(뽕나무 열매)

💬 이상한 사람

💬 배신

💬 빨랫줄

💬 벼룩

💬 시계

朝三暮四 【조삼모사】

뜻 간사한 잔꾀로 남을 속임. 겉으로 보이는 차이만을 알고 결과가 같음을 모르는 어리석음.

| 아침 조 | 석 삼 | 저물 모 | 넉 사 |

● 고사성어

*제일 큰 문이면서도 작은 눈이라고 하는 것은?

*조그만 연못 속에 실뱀이 얽히고설킨 것은?

*조금 나와도 쑥 나왔다고 하는 것은?

*조상 때부터 꼽추는?

*졸려도 참고 밤늦게까지 윙크하는 것은?

*종이와 대가 만나 시원한 바람을 만들 수 있는 것은?

*종이 위에서 열심히 청소하는데 자기는 점점 작아지는 것은?

*주걱은 주걱인데 밥을 푸지 못하는 것은?

*주고도 가지고 있는 것은?

*주나 안 주나 입을 벌리고 있는 것은?

*주는 사람은 없는데도 받는 것은?

*주는 음식은 달지만 화나면 무서운 것은?

고사성어

鳥足之血 【조족지혈】
뜻 '새 발의 피'라는 뜻으로, 하찮은 일이나 분량이 아주 적음을 뜻하는 말.

| 새 조 | 발 족 | 어조사 지 | 피 혈 |

212

- 소문
- 국수
- 쑥
- 새우
- 신호등
- 부채

- 지우개

- 턱주걱
- 지식
- 아궁이
- 우산
- 꿀벌

酒池肉林 【주지육림】

뜻 '술로 못을 이루고 고기로 숲을 이룬다'는 뜻으로, 극히 호사스럽고 방탕한 술잔치를 뜻한다.

| 술 주 | 연못 지 | 고기 육 | 수풀 림 |

● 고사성어

*주머니 속에 넣을 수 있는 산은?

*죽어 가면서도 춤추는 것은?

*죽어서야 받는 돈은?

*죽었다 다시 한 번 살아나는 것은?

*죽은 것을 살았다고 하는 것은?

*죽은 나무가 서서 우는 것은?

*죽은 나무가 큰 칼 차고 소에게 끌려가는 것은?

*죽은 나무에 빨간 꽃이 핀 것은?

*죽은 나무가 물 위를 달리는 것은?

*죽은 죽인데, 먹지 못하는 죽은?

*죽을 때까지 무슨 일이 있어도 가야만 하는 것은?

*줄어들면서 느는 것은?

*줄이 없으면 굶어 죽는 것은?

● 고사성어

竹馬故友 【죽마고우】

뜻 '어릴 때 같이 대말을 타고 놀던 벗'이란 뜻으로, 어렸을 때부터의 오랜 친구를 이르는 말.

| 대나무 죽 | 말 마 | 옛 고 | 벗 우 |

📖 잡동산

📖 양초

📖 조의금

📖 숯, 누에

📖 생선(生鮮)

📖 전봇대

📖 쟁기

📖 횃불

📖 목선(木船 ; 배)

📖 방죽, 뒤죽박죽

📖 시계

📖 늙은이의 흰 머리

📖 거미

衆口難防 【중구난방】			
뜻 여러 사람의 여러 가지 의견을 하나 하나 받아넘기기 어려움을 이르는 말.			
무리 중	입 구	어려울 난	막을 방

● 고사성어

*중학생과 고등학생이 타는 차는?

*쥐 4마리가 모여 있는 것을 부르는 말은?

*지나갈 때는 못 가게 하고, 안 지나갈 때는 가게 하는 것은?

*지나다닐 때는 내리고 안 지나다닐 때는 올리는 것은?

*지붕 위에서 커다란 담배 피우는 것은?

*지붕 하나에 기둥이 하나 있는 것은?

*직장에서 가장 무서운 상사는?

*진짜로 무게를 잡아야 하는 사람은?

*진짜 먹고 살기 힘든 사람은?

*진짜 문제투성이인 것은?

*진짜 살 맛 난다고 얘기할 수 있는 사람은?

*진짜 새의 이름은?

● 고사성어

知行合一 【지행합일】

뜻 지식과 행위는 본래 하나라는 뜻으로, 알고 행하지 않는 것은 정말 아는 것이 아니라는 것.

| 알 지 | 행할 행 | 합할 합 | 한 일 |

- 중고차
- 쥐포
- 건널목 건너가는 것

- 건널목에 있는 차단기

- 굴뚝
- 버섯, 우산
- 불상사
- 역도 선수
- 위장병 환자
- 시험지
- 식인종
- 참새

進退維谷 【진퇴유곡】

뜻 '앞으로도 뒤로도 나아가거나 물러서지 못한다' 라는 뜻으로, 궁지에 빠진 상태를 이르는 말.

| 나아갈 진 | 물러날 퇴 | 오직 유 | 막힐 곡 |

● 고사성어

*짐을 져야 가고 안 지면 안 가는 것은?

*집 안이 조용한 글자는?

*집에서 매일 먹는 약은?

*집은 집인데, 잠을 잘 수 없는 집은?

*집을 등에다 업고 다니는 것은?

*집을 한 번 나오면 다시는 돌아갈 수 없는 것은?

*집집마다 4개씩 있는데 온 세계를 통틀어도 4개 밖에 없는 것은?

*집집마다 있어야 하는 소는?

*짜고 달고 쓰는 것은?

*짝이 없으면 소용없는 것은?

*쫓겨 가야 이기는 것은?

*쫓아다니지 말라고 아무리 사정해도 쫓아다니는 것은?

● 고사성어

滄海一粟 【창해일속】
뜻 아주 많거나 넓은 것 가운데 있는 매우 하찮고 작은 것을 이르는 말.

| 큰바다 창 | 바다 해 | 한 일 | 좁쌀 속 |

😀 신

😀 아들 자(字) 자

😀 치약

😀 고집

😀 달팽이

😀 치약

😀 동서남북

😀 변소

😀 문짝

😀 젓가락

😀 달리기

😀 그림자

天干地支 【천간지지】

뜻 10간(干)과 12지(支)를 뜻한다.

*10간(干): 갑(甲)·을(乙)·병(丙)·정(丁)·무(戊)·
기(己)·경(庚)·신(申)·임(壬)·계(癸).

| 하늘 천 | 천간 간 | 땅 지 | 지지 지 |

*12지(支): 자(子)·축(丑)·인(寅)·묘(卯)·진(辰)·사(巳)·
오(午)·미(未)·신(申)·유(酉)·술(戌)·해(亥).

*찢어야만 볼 수 있는 것은?

ㅊ

*차는 차인데 먹지 못하는 차는?

*차는 차인데 타지 못하는 차는?

*차도가 없는 나라는?

*차면 기울어지고 기울어지면 다시 차는 것은?

*차면 짧고 더우면 긴 것은?

*차면 찰수록 환하게 웃는 것은?

*차 위에 모자를 쓴 것은?

*차지 못하는 주머니는?

*참새들이 무서워하는 비는?

*창으로 찌르려고 할 때 알려 주는 말은?

● 고사성어

天高馬肥 【천고마비】

뜻 '하늘이 높고 말이 살찐다'는 뜻으로, 하늘이 맑고 오곡 백과가 무르익는 가을을 형용하는 말.

| 하늘 천 | 높을 고 | 말 마 | 살찔 비 |

☞ 편지

☞ 마차

☞ 설록차, 인삼차

☞ 인도

☞ 달

☞ 낫

☞ 달

☞ 택시

☞ 아주머니

☞ 허수아비

☞ 창피해!

天方地軸 【천방지축】

뜻 ①가벼운 사람이 덤벙대는 모습.
②몹시 급하여 방향을 모르고 함부로 날뛰는 모양을 일컫는 말.

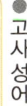
고사성어

| 하늘 천 | 방향 방 | 땅 지 | 굴대 축 |

*창은 창인데, 냄새나고 지저분한 창은?

*창피한 것도 모르고 체면도 없는 사람의 나이는?

*찾아오는 등산객이 별로 없어도 항상 많다고 하는 산은?

*채찍을 좋아하는 것은?

*책은 책인데, 가만히 앉아서는 못 읽는 책은?

*책은 책인데, 읽을 수 없는 책은?

*처녀들에게 시집을 구해 주는 사람은?

*처는 처인데, 남편이 없는 처는?

*처음에는 가죽 벗기고 다음에는 털 뽑고 살은 다 발라먹고 뼈는 버리는 것은?

*처음에는 까맣다가 다음에는 빨개지고, 나중에는 하얗게 되는 것은?

*처음에는 네 발로 걷고, 그 다음에는 두 발로 걷고, 마지막에는 세 발로 걷는 것은?

● 고사성어

天生緣分 【천생연분】

뜻 하늘에서 짝지어 준 인연. 행복하게 잘 사는 부부를 가리켜 '천생연분'이라고 한다.

| 하늘 천 | 날 생 | 인연 연 | 나눌 분 |

☞ 시궁창

☞ 넉살

☞ 마니산

☞ 팽이

☞ 산책

☞ 주책

☞ 중매쟁이

☞ 부처

☞ 옥수수

☞ 숫

☞ 사람

天佑神助 【천우신조】
뜻 사람의 힘으로는 불가능한 것을 하늘과 신령의 도움으로 가능하게 되는 경우를 말한다.

| 하늘 천 | 도울 우 | 귀신 신 | 도울 조 |

● 고사성어

*천 냥 빚을 말로 갚은 사람은?

*천 리를 하루 만에 갔다왔는데 왜 힘들지 않을까?

*천자문의 첫 자와 둘째 자의 차이는?

*천하 만고(天下萬古)에 기운 센 것은?

*천하에 귀 하나 가진 것은?

*천하에서 가장 긴 것은?

*천하에 제일 서러운 것은?

*천하장사라도 들 수 없는 작은 풀은?

*철도가 있는데 기차가 못 가는 것은?

*청소를 많이 할수록 작아지는 것은?

*청소하는 여자를 세자로 줄이면?

*체는 체인데, 칠 수도 없으면서 밉살맞게 구는 것은?

●고사성어

天衣無縫 【천의무봉】

뜻 ①시가나 문장 따위가 꾸민 데 없이 완미(玩味)함. ②사물이 완전 무결함을 이르는 말.

하늘 천   옷 의   없을 무   꿰맬 봉

- 말 장수
- 꿈이어서
- 천지 차이
- 흐르는 물
- 바늘
- 비〔雨〕
- 눈에 고춧가루가 들었을 때
- 졸릴 때의 눈꺼풀
- 지도
- 지우개
- 청소년
- 아는 체

天長地久 【천장지구】

뜻 하늘과 땅은 영원함을 이르는 말. 하늘과 땅처럼 오래 가고 변함이 없음을 이르는 말.

| 하늘 천 | 길 장 | 땅 지 | 오랠 구 |

고사성어

*초등학생이 가장 좋아하는 동네는?

*초록이 안에 하양이, 하양이 안에 빨강이, 빨강이 안에 주근깨는?

*초 하나를 두 개라고 하는 것은?

*촌(村) 가운데 팥 있는 글자는?

*총 쏠 때 왜 눈을 한 쪽만 감나?

*총은 총인데 받으면 기분 나쁜 총은?

*총은 총인데, 쏠 수 없는 총은?

*추우면 벗고 더우면 입는 것은?

*추우면 짧아지고 더우면 길어지는 것은?

*추운 겨울날 미니스커트를 입고 다니는 여자는?

*추운 겨울에 가장 많이 찾는 끈은?

*추울 때는 늘어나고, 더울 때는 줄어드는 것은?

●고사성어

千載一遇 【천재일우】

뜻 '천 년에 한 번 만날 수 있는 기회'란 뜻으로, 좀처럼 만나기 어려운 기회를 이르는 말.

| 일천 천 | 해 재 | 한 일 | 만날 우 |

226

- 방학동

- 수박

- 양초

- 나무 수(樹) 자

- 두 쪽을 다 감으면 안 보이니까

- 눈총

- 말총

- 나무

- 낫

- 철없는 여자

- 따끈따끈

- 고드름

千篇一律 【천편일률】

뜻 사물이 모두 판에 박은 듯이 똑같아 새롭거나 독특한 개성이 없고 재미가 없음을 말함.

| 일천 천 | 책 편 | 한 일 | 규칙 률 |

고사성어

* 추울 때 많이 찧는 방아는?
* 추워질수록 두터워지는 것은?
* 추위에 강하고, 더위에는 약한 사람은?
* 춤을 추면서 뽑아 내야 잘 뽑아지는 실은?
* 춰도 춰도 이상한 춤은?
* 친구들과 술집에 가서 술값 안 내려고 추는 춤은?
* 칠수록 생기가 넘치는 것은?
* 침대 위에 누워서 하는 가장 고귀한 행위는?
* 침은 침인데, 모두가 피하는 침은?

ㅋ

* 칼로 베면 벤 사람의 눈에 눈물 나게 하는 것은?
* 칼로 아무리 두들겨도 얌전히 있는 것은?

고사성어

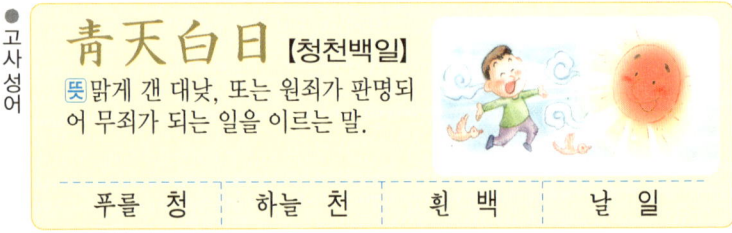

青天白日 【청천백일】
뜻 맑게 갠 대낮, 또는 원죄가 판명되어 무죄가 되는 일을 이르는 말.

| 푸를 청 | 하늘 천 | 흰 백 | 날 일 |

- 엉덩방아
- 옷
- 눈사람
- 덩실덩실

- 엉거주춤
- 주춤주춤
- 팽이
- 헌혈
- 가래침

- 양파
- 도마

青出於藍 【청출어람】

뜻 제자나 후배가 스승이나 선배보다 더 뛰어남을 이르는 말.

| 푸를 청 | 날 출 | 어조사 어(오) | 쪽풀 람 |

고사성어

*칼 위에 구두 신는 것은?

*칼은 칼인데, 자르지 못하는 칼은?

*칼을 들고 설쳐야 돈을 버는 사람은?

*커질수록 값이 깎이는 것은?

*컬러 사진을 찍었는데도 흑백 사진으로 나오는 것은?

*코는 코인데, 냄새를 못 맡는 코는?

*코를 가장 잘 푸는 러시아 사람은?

*코미디언들이 잘 걸리는 병은?

*콩 중에서 제일 큰 콩은?

*콩은 콩인데, 못 먹는 콩은?

*크게 나도 작다고 하는 문은?

*크면 클수록 땅과 가까워지는 것은?

寸鐵殺人 【촌철살인】

뜻 짤막한 경구(警句)나 격언 등으로 사람을 감동시키거나, 또는 사물의 급소를 찌름을 비유하는 말.

| 치 촌 | 쇠 철 | 죽일 살(쇄) | 사람 인 |

• 고사성어

- 스케이트
- 머리칼
- 면도사
- 물건의 흠
- 펭귄

- 버선코
- 차이코프스키
- 요절복통
- 홍콩
- 베트콩
- 소문
- 고드름

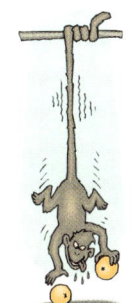

醉生夢死 【취생몽사】

뜻 아무 뜻 없이 한평생을 흐리멍덩하게 살아감을 이르는 말.

● 고사성어

| 술취할 취 | 살 생 | 꿈 몽 | 죽을 사 |

*크면 클수록 사는 사람의 기분이 좋지 않은 것은?

*큰 바위에 구멍이 두개 있는 것은?

*키 크고 속 빈 것은?

ⓔ

*타면 탈수록 더 떨리는 것은?

*타야 보이는 것은?

*타이타닉의 구명보트에는 몇 명이 탈수 있을까?

*탈수록 많아지는 것은?

*탈은 탈인데, 얼굴에 쓸 수 없는 탈은?

*탈이 없으면 절대로 할 수 없는 일은?

*태어나면서부터 노인인 것은?

*태어나서 꼭 한 번 먹고 입을 봉해 버리는 것은?

● 고사성어

七顚八起 【칠전팔기】

뜻 '일곱 번 넘어지고 여덟 번 일어난다'는 뜻으로, 여러 번 실패해도 굽히지 않고 꾸준히 노력함.

| 일곱 칠 | 넘어질 전 | 여덟 팔 | 일어날 기 |

🐢 도넛의 구멍

🐢 코

🐢 대나무

🐢 추위

🐢 연기

🐢 9명

🐢 재

🐢 배탈

🐢 탈춤

🐢 옥수수

🐢 편지 봉투

針小棒大 【침소봉대】

뜻 '바늘만한 것을 몽둥이만하다고 말한다'는 뜻에서, '심하게 과장하여 말함'을 비유하는 말.

| 바늘 침 | 작을 소 | 몽둥이 봉 | 큰 대 |

● 고사성어

*태어나서 죽을 때까지 눈물만 흘리는 것은?

*터지면 터질수록 나쁜 것은?

*터지면 터질수록 좋은 것은?

*털이 등에 나지 않고 배에 난 것은?

*토끼들이 제일 잘하는 것은 무엇일까?

*톱은 톱인데, 썰지 못하는 톱은?

*톱 중에서 가장 큰 톱은?

*통은 통인데, 사람들이 모두 싫어하는 통은?

*통은 통인데, 사람들이 누구나 갖기를 바라는 통은?

*통은 통인데, 심술궂은 사람들에게만 있는 통은?

*통은 통인데 물건을 담을 수 없는 통은?

고사성어

他山之石 【타산지석】
뜻 다른 사람의 하찮은 언행일지라도 자기의 지식이나 인격을 닦는 데에 도움이 됨.

| 다를 타 | 메 산 | 어조사 지 | 돌 석 |

- 촛불
- 사고, 전쟁
- 복
- 구둣솔
- 토끼기
- 손톱, 발톱
- 모래톱
- 고통
- 운수대통
- 심통
- 오동통

泰然自若 【태연자약】

뜻 마음에 충동을 받아도 동요하지 않고 천연(天然)스러운 것.

| 클 태 | 그럴 연 | 스스로 자 | 같을 약(야) |

● 고사성어

[파]

*파는 파인데, 못 먹는 파는?

*파란 집에 살다가 노란 집이 되면 뛰쳐나오는 것은?

*파란 풀밭에 까만 콩을 뿌리며 가는 것은?

*파리가 있어야 먹고 사는 사람은?

*파리들이 앉기를 싫어하는 장소는?

*파리 중에 가장 무거운 파리는?

*파리 중에 날지 못하는 파리는?

*팔다리 없이 모자만 쓰고 있는 것은?

*팔월에 제 아비가 말을 탄 글자는?

*팔은 팔인데, 물건을 들지 못하는 팔은?

*패 중에서 가장 나쁜 패는?

• 고사성어

破竹之勢 【파죽지세】
뜻 세력이 강대하여 감히 막을 수 없도록 거침없이 적을 물리치고 쳐들어가는 당당한 기세.

| 깨뜨릴 파 | 대나무 죽 | 어조사 지 | 기세 세 |

😀 노파, 전파

😀 콩

😀 염소

😀 파리약 장수

😀 대머리

😀 돌파리

😀 파리(프랑스)

😀 도 토리

😀 달릴 등(騰) 자

😀 나팔

😀 깡패

八方美人 【팔방미인】

뜻 ① 여러 가지 일에 능통한 사람.
② '온갖 일에 조금씩 손대는 사람'
을 놀리는 말이기도 하다.

| 여덟 팔 | 방위 방 | 아름다울 미 | 사람 인 |

*팽이는 팽이인데, 때리면 죽는 팽이는?

*펭귄이 다니는 고등 학교는?

*펴면 집이 되고 접으면 지팡이가 되는 것은?

*편은 편인데, 먹지 못하는 편은?

*평생 꾸어 주기만 하고 돌려받지는 못하는 것은?

*포는 포인데, 겁쟁이들만 먹는 포는?

*풀리면 풀릴수록 좋은 것은?

*풀 수는 있는데 감을 수는 없는 것은?

*프랑스에 단 두 대밖에 없는 사형 기구는?

*피곤해야 만들 수 있는 반찬은?

*피는 피인데, 입고 다니는 피는?

*피는 피인데 흐르지 않는 피는?

● 고사성어

敗家亡身 【패가망신】

뜻 대개 부정한 행실로 인하여 집안은 물론 자신의 신세까지 망치는 경우를 말한다.

| 무너질 패 | 집 가 | 망할 망 | 몸 신 |

- 달팽이
- 냉장고
- 우산
- 남편
- 방귀
- 공포
- 피로
- 콧물
- 단두대
- 파김치
- 모피
- 창피

表裏不同 【표리부동】
뜻 마음이 음흉하여 겉과 속이 다르거나 말과 행동이 다름을 가리키는 말.

| 겉 표 | 속 리 | 아니 부(불) | 같을 동 |

● 고사성어

(ㅎ)

*하나로 수만 가지 소리가 나는 것은?

*하나로 잡을 수 없고 두 개로 잡을 수 있는 것은?

*하나에 달이 열 둘 있는 것은?

*하나에 하나를 더하나 둘에 둘을 더하나 하나가 되는 것은?

*하나에서 하나를 빼니 둘이 되는 것은?

*하늘, 땅, 바다에 있는 물은?

*하늘 보고 웃는 것은?

*하늘 보고 입 벌린 것은?

*하늘보다 더 높은 것은?

*하늘에 그림 그리는 것은?

*하늘에 사는 개는?

고사성어

鶴首苦待 【학수고대】

뜻 학처럼 목을 길게 빼고 애타게 기다린다는 뜻으로, 누군가를 몹시 기다릴 때 쓰는 말.

| 학 학 | 머리 수 | 쓸 고 | 기다릴 대 |

- 라디오, 전축
- 젓가락
- 달력
- 물방울

- 칼집과 칼
- 하늘에 동물, 땅에 식물, 바다에 해물
- 알밤 벌어지는 것
- 절구
- 지아비 부(夫; 하늘을 꿰뚫었으니) 자
- 구름
- 무지개, 솔개, 번개, 안개

咸興差使 【함흥차사】

뜻 심부름꾼이 빨리 돌아오지 않아 소식이 없거나 회답이 더딜 때의 비유.

| 다 함 | 일으킬 흥 | 부릴 차 | 사신 사 |

● 고사성어

*하늘에서 그물질을 해 고기를 낚는 것은?

*하늘에서 글자 공부를 하는 새는?

*하늘에서 내려온 박은?

*하늘과 땅 속에서 서로 끌어당기는 것은?

*하늘에서 똥을 싸는데 밤에만 보이는 것은?

*하늘에서 소리없이 흘러다니는 것은?

*하늘을 향해 방귀 뀌는 것은?

*하늘을 향해 입을 벌리고 있는 것은?

*하루를 살다 죽어도 만 살이나 먹는 것은?

*하루만 지나도 헌 것이 되는 것은?

*하루에도 수없이 입을 맞추는 것은?

*하루에 1원씩 곗돈을 부었는데 1년이 되면 1억이 되는 계는?

● 고사성어

虛張聲勢 【허장성세】

뜻 '비어 있고 과장된 형세로 소리를 낸다'는 뜻으로, 실력이 없으면서 허세를 부리는 것.

| 빌 허 | 펼칠 장 | 소리 성 | 세력 세 |

- 거미
- 기러기
- 우박
- 나무
- 별똥
- 구름
- 굴뚝
- 항아리, 독
- 만년필
- 신문
- 숟가락
- 황당무계

螢雪之功 【형설지공】

뜻 눈빛과 반딧불로 글을 읽었다는 고사에서 나온 말로, 고생하면서도 꾸준히 학문을 닦아 이룬 공.

| 반딧불 형 | 눈 설 | 어조사 지 | 공 공 |

● 고사성어

*하루 종일 두 팔로 세수하는 것은?

*하늘 보고 도리질하는 것은?

*하늘에다 주먹질하는 것은?

*하늘에서 내려오는 박은?

*하늘에서 연기도 없이 타는 것은?

*하루 종일 함께 다니다가 집에 오면 헤어지는 것은?

*하면 할수록 늘어나는 것은?

*학은 학인데, 날지 못하는 학은?

*학은 왜 한쪽 다리를 들고 서 있을까?

*한 가지 물건이 차갑고도 뜨거운 것은?

*한 고개, 두 고개, 세 고개 넘어 바둑돌 하나가 있는 것은?

*한 달에 한 번, 배가 불룩해지는 것은?

고사성어

兄友弟恭 【형우제공】

뜻 형은 아우를 우애하고, 아우는 형을 공경하는 것. 즉, 형제간의 우애를 다함을 이르는 말이다.

| 형 형 | 우애 있을 우 | 아우 제 | 공손할 공 |

☺ 시계

☺ 매

☺ 절굿공이

☺ 우박

☺ 저녁놀

☺ 신발

☺ 저금

☺ 수학, 과학, 문학

☺ 두 다리를 다 들면 쓰러지니까

☺ 한란계

☺ 손톱

☺ 달

● 고사성어

糊口之策 【호구지책】

뜻 '입에 풀칠하는 방책'이라는 뜻으로, 겨우 먹고 살아가는 방책을 이르는 말이다.

| 풀 호 | 입 구 | 어조사 지 | 꾀 책 |

*한 말들이 꽃은?

*한 번도 새 옷을 입어 보지 못한 사람은?

*한 번 때리면 줍지 못하는 것은?

*한 주일마다 꼭 한 번씩 빼놓지 않고 빨간 옷 입고 나서는 것은?

*한 사람만 들어가도 만원이 되는 곳은?

*한 손으로 차를 세울 수 있는 사람은?

*한 시간에 겨우 한 걸음씩밖에 움직이지 않는 느림보는?

*한여름에 생선장수들이 가장 많이 하는 사냥은?

*한 자 반 되는 콩은?

*한 쪽 손에만 큰 장갑을 낀 사람은?

*한 형제인데, 맞으면 서로 다른 소리를 내는 것은?

好事多魔 [호사다마]

뜻 좋은 일일수록 혹시 일어날지 모르는 앞날의 우환에 대비하여 조심하라는 경계의 뜻이다.

| 좋을 호 | 일 사 | 많을 다 | 마귀 마 |

- 백합
- 허수아비
- 말〔言〕
- 달력

- 변소
- 교통순경
- 시계의 짧은 바늘

- 파리 사냥
- 콩자반
- 야구 선수
- 실로폰

虎視眈眈 【호시탐탐】

뜻 남의 것을 빼앗기 위하여 형세를 살피며 가만히 기회를 엿봄. 또는 그런 모양.

● 고사성어

| 호랑이 호 | 볼 시 | 노려볼 탐 | 노려볼 탐 |

*할 때는 올라가고 안 할 때는 내려오는 것은?

*할수록 많아지는 것은?

*할아버지가 제일 좋아하는 돈은?

*항상 머리에 줄을 매고 서 있는 것은?

*항상 아래로 가는데 언제나 위로 간다고 말하는 것은?

*항상 제일 높은 곳에 올라가 있는 것은?

*해가 지면 피고, 해가 지면 뜨는 꽃은?

*해는 해인데, 가장 똑똑한 해는?

*해를 원수처럼 미워하는 사람은?

*해와 달이 한꺼번에 나오는 날은?

*해와 달이 씨름을 하는 글자는?

*해의 오빠는 누구인가?

● 고사성어

浩然之氣 【호연지기】

뜻 ①굽히거나 흔들리지 않는 바르고 큰 마음. ②공명 정대하여 조금도 부끄럼 없는 용기.

| 넓을 호 | 그럴 연 | 어조사 지 | 기운 기 |

- 무대의 막
- 저금
- 할머니
- 전봇대
- 음식물

- 모자
- 달맞이꽃
- 지혜
- 눈사람
- 명일(明日)
- 밝을 명(明)
- 해오라비

惑世誣民 【혹세무민】

뜻 세상 사람을 속여 미혹하게 하고 세상을 어지럽힘.

고사성어

| 미혹할 혹 | 세상 세 | 속일 무 | 백성 민 |

*해장국을 끓일 때에 꼭 필요해 찾게 되는 거지는?

*해만 보면 눈물을 흘리는 것은?

*햇볕만 쬐면 죽는 사람은?

*허수아비 아들의 이름은?

*허풍쟁이들만 모이는 거리는?

*헌법을 아무리 뜯어 고쳐도 새 법이 안 될까?

*헌병이 가장 무서워하는 사람은?

*현역군인이 가장 좋아하는 대학은?

*형제가 싸우는데 주위사람이 동생 편만 들어주면 어떤 싸움이 될까?

*호랑이에게 덤벼드는 용감한 개 이름은?

*호주의 떡은?

*호주의 돈은?

● 고사성어

畫龍點睛 【화룡점정】
뜻 용을 그릴 때 마지막으로 눈동자를 그린다는 뜻으로, 가장 중요한 부분을 완성하여 일을 끝냄.

| 그릴 화(획) | 용 룡 | 점찍을 점 | 눈동자 정 |

- 우거지

- 얼음

- 눈사람

- 허수

- 자랑거리

- 헌 법이니까

- 고물장수

- 제대(제주대학)

- 형편없는 싸움

- 하룻강아지

- 호떡

- 호주머니(money)

和而不同 【화이부동】

뜻 '군자는 사람들과 친화하되 부화뇌동(附和雷同)하지 않는다.' 는 뜻.

| 화할 화 | 말이을 이 | 아니 부(불) | 같을 동 |

부화뇌동(附和雷同):자기의 주장이 없이 남의 의견이나 행동에 덩달아 따름.

● 고사성어

*호주의 술은?

*화장실에 사는 새는?

*화장실을 지키는 두 마리 용은?

*확 불면 대머리가 되는 것은?

*활을 잘 쏘는 사람이 잘 먹는 약은?

*훔치면 훔칠수록 더러워지는 것은?

*흰 돌 위에 풀이 돋은 것은?

*흰 옷 입고 끓는 기름에 다이빙하는 것은?

*흰 천을 땅위에 깔았다가 봄에 거둬가는 것은?

고사성어

換骨奪胎 【환골탈태】

뜻 남의 것을 자기 나름의 새로움을 살려 자기 작품으로 만듦. 또는 용모가 변하여 전보다 좋아짐.

| 바꿀 환 | 뼈 골 | 빼앗을 탈 | 아이 밸 태 |

😊 호주

😊 똥냄새

😊 신사용, 숙녀용

😊 민들레

😊 활명수

😊 행주

😊 무

😊 튀김

😊 눈〔雪〕

厚顔無恥 【후안무치】

● 고사성어

뜻 '얼굴이 두껍고 부끄러움이 없다' 라는 뜻으로, 뻔뻔스러워 부끄러워할 줄 모름.

| 두터울 후 | 얼굴 안 | 없을 무 | 부끄러울 치 |

수수께끼 풀고 고사성어 배우자

엮은이/김이리
펴낸이/이홍식
발행처/도서출판 지식서관
등록/1990.11.21 제96호
경기도 고양시 덕양구 벽제동 564-4
전화/031)969-9311(대)
팩시밀리/031)969-9313
e-mail / jisiksa@hanmail.net

초판 1쇄 발행일/2008년 1월 20일